LA DIFFUSION

FABRICATION DU SUCRE

LA DIFFUSION

AU POINT DE VUE

SCIENTIFIQUE, INDUSTRIEL ET AGRICOLE

PAR

JULES CARTUYVELS

Professeur à l'Université catholique de Louvain, Ingénieur civil,
Secrétaire de la Société générale des fabricants de sucre de la Belgique, etc.

ET

F. RENOTTE

Chimiste.

Ouvrage orné de gravures

LOUVAIN,

CHARLES FONTEYN, IMPRIMEUR-ÉDITEUR,

rue de Bruxelles, 6.

1879.

PRÉFACE.

Les plantes élaborent durant la période de végétation différentes substances dont plusieurs font l'objet d'industries spéciales (en nombre sans cesse croissant). Ces substances passent dans le système cellulaire des végétaux à l'état de solution. Suivant que la solution est plus ou moins riche en sucre cristallisable, la plante elle-même fournira une matière première plus ou moins appropriée à la *fabrication du sucre*. Ouvrir les cellules saccharifères et les forcer d'abandonner tout le suc qu'elles contiennent, telle paraît à première vue une opération inévitable dans l'industrie sucrière.

Il n'est donc pas étonnant que, jusque dans ces derniers temps, on se soit presqu'exclusivement appliqué à perfectionner les moyens de déchirer les cellules végétales et d'améliorer les conditions de pression. De là, ces nombreuses formes de râpes, de presses mécaniques, hydrauliques et autres, essayées tour à tour, avec plus ou moins de succès, dans l'industrie de la fabrication du sucre.

Dès l'origine cependant, on s'est aperçu que l'action de l'eau favorise singulièrement l'extraction des solutions sucrées. L'addition d'eau à la râpe, le délavage des pulpes, la repression, la macération, etc., reposent sur cette observation importante. Toutefois, malgré les prodiges de la mécanique, malgré la perfection que les fabricants amis d'un sage progrès ont su donner à leurs installations, on se heurte à des difficultés insurmontables. Une quantité notable de sucre résiste à ces manipulations, quelle que soit l'énergie de l'outillage et l'habileté déployées dans ces modes d'extraction du jus.

Du jour où fut reconnue la force qui permet au sucre de traverser les membranes végétales et de circuler dans les plantes, on peut dater une ère nouvelle dans la fabrication du sucre.

Grâce aux travaux des Dutrochet, Graham, Dubrunfaut et autres, on apprit à faire connaissance avec les fonctions vitales du règne végétal. Les lois de l'osmose et de la diffusion des corps devaient bientôt trouver des applications variées et fécondes dans l'industrie sucrière.

Un des savants qui, par ses lumières et ses patientes recherches, a contribué efficacement à fixer ces lois importantes, eut la gloire de leur donner une application pratique dans le travail des mélasses.

D'autre part, l'application de ces mêmes lois à la

matière première elle-même et non plus au résidu du travail entra sur le terrain pratique dès 1864.

On n'ignore pas combien sont lentes et pénibles, en général, les applications de la science à l'industrie. L'osmose et la diffusion offrent cette particularité remarquable d'avoir fourni, dès l'origine, des résultats nettement encourageants, et d'être entrées définitivement dans la pratique industrielle par la seule persévérance de leurs premiers initiateurs.

L'industrie sucrière est arrivée à cette période de développement où la concurrence est devenue une menace permanente pour l'existence des établissements qui se trouveraient en défaut pour ce qui regarde la production économique du sucre. L'avilissement persistant de la valeur commerciale du sucre met plus que jamais à l'ordre du jour les questions de nature à diminuer le prix de revient de cet important article de consommation.

Non-seulement en Europe de vastes plaines, extrêmement favorables à la production du sucre, sont restées jusqu'ici vierges de toute plante saccharifère, mais surtout les pays transatlantiques nous préparent sur ce terrain, comme sur beaucoup d'autres, une concurrence dont il y a lieu de se préoccuper. D'autre part, l'outillage encore informe de la production coloniale peut se transformer radicalement et s'est déjà amélioré en beaucoup de régions, grâce aux circonstances que l'on sait. Elle peut nous placer, dans un avenir à prévoir, dans une situation toute nouvelle à l'égard du sucre provenant d'autres matières premières plus riches que celles dont nous disposons jusqu'ici. L'imperfection du régime fiscal ne tend pas à rendre cette situation moins précaire.

Augmenter la consommation, diminuer le prix de revient tant de la matière première que du produit fabriqué, tel est le double objectif naturel du manufacturier, dans toute industrie quelconque. Telles sont plus que jamais les conditions d'existence formelles de l'industrie sucrière. Dans le travail industriel de la fabrication du sucre il faut considérer spécialement :

1° Les matières premières ;

2° Les procédés d'extraction de jus ;

3° Le travail ultérieur des jus ou la fabrication proprement dite.

La culture et l'acquisition des matières premières dans des conditions rationnelles constituent la première et la plus importante phase du travail requis pour la production du sucre.

Nous ne traiterons pas ici de ce point, pas plus que des conditions ultérieures du travail des jus, réglées en vue d'amener la cristallisation du sucre qu'ils renferment. Nous nous occuperons exclusivement des *procédés d'extraction* du jus de la betterave.

Les études consciencieuses de Walkhoff, Stammer, etc., qui sont entre les mains de tous, nous dispensent d'entrer ici dans les détails minutieux concernant les divers procédés d'extraction jusqu'ici en usage.

Il résulte de ces études qu'il y a peu d'années encore la pression hydraulique était sinon le seul procédé d'extraction en faveur, du moins le plus important à considérer par le nombre de ses adhérents et par le degré de perfection qu'on avait su lui donner comparativement aux autres systèmes jusque-là en pratique.

Effectivement, les dix-neuf vingtièmes au moins des industriels appliquaient, sous des formes diverses, il est vrai, la pression hydraulique : un petit nombre essayaient timidement la macération, le turbinage, la pression continue et enfin la diffusion.

Tandis que les autres systèmes ne pouvaient supporter l'éclat du jour ou succombaient dans le travail industriel proprement dit, la diffusion manifesta dès sa naissance, pour ainsi dire, une vitalité extraordinaire dont aucun des autres systèmes successivement préconisés n'avait eu la puissance.

L'étude que nous présentons aujourd'hui au public industriel a pour but d'exposer le principe de la méthode de diffusion et les conditions rationnelles de sa mise en œuvre. Ce travail s'adresse surtout aux fabricants de sucre de la France, de la

Belgique et des Pays-Bas, pays où les conditions économiques de la production du sucre offrent des analogies marquées.

Nous n'avons pas eu la prétention et nous n'avons pas eu pour but de faire, à propos de la diffusion, un exposé historique ni purement didactique. Dans ce manuel tout pratique, le désir d'être utile à la classe d'industriels que vise spécialement notre travail nous a amenés à intercaler de ci, de là, au cours de l'exposé, des considérations commerciales, agronomiques, fiscales et autres, que l'on pourrait trouver déplacées dans un traité technique mais qui, toutes d'actualité, serviront, nous en avons l'espoir, à donner des idées justes sur la valeur du procédé et sur les vraies règles de son emploi.

La diffusion nous vient de l'Allemagne. A la date actuelle, un double reproche peut s'adresser, avec plus ou moins de fondement, à nos doctes voisins d'Outre-Rhin à propos de ce procédé industriel. Les publicistes allemands d'abord, lorsqu'ils se sont livrés à l'exposition du système nous ont représenté le phénomène de la diffusion dans des traits qui rendaient leur démonstration difficile à saisir : à la lecture, on se figurait qu'il existait un arcane quasi impénétrable là où le manufacturier le moins instruit ne doit trouver, en fait, qu'une notion très-aisée à percevoir et dont l'application ne présente ni mystère, ni difficulté d'exécution.

Cette idée, répandue parmi nos fabricants, a été une des causes de la lenteur avec laquelle s'est propagée dans nos contrées la connaissance du système ainsi que son application.

Un reproche bien autrement fondé et beaucoup plus grave est celui que nous adresserons aux fabricants *diffuseurs* de l'Allemagne et de l'Autriche lesquels, en possession d'une excellente méthode de travail depuis dix à quinze ans, ont successivement transformé et altéré les règles de leur pratique manufacturière au point qu'on ne les retrouvera bientôt plus que dans les traités de leurs technologistes et qu'on soit embarrassé, à l'heure présente, lorsqu'il s'agit de renseigner à un industriel français un établissement allemand où la méthode de diffusion fonctionne encore d'une manière entièrement recommandable et pouvant servir de modèle. Cette assertion, hardie en apparence, recueillera certainement l'adhésion de nos confrères, les publicistes allemands, qui ne se font pas faute de morigéner à ce sujet les industriels, leurs adeptes.

Cela étant, on comprendra aisément l'utilité d'une publication telle que celle à laquelle nous avons consacré nos soins et dont l'objet est non seulement d'instruire nos industriels mais encore de les prémunir contre l'enseignement déplorable qu'ils seraient tentés d'aller recueillir, en matière de diffusion, auprès de leurs voisins d'Allemagne.

Pour ce qui est des industriels de ce dernier pays qui nous feraient l'honneur de nous lire, nous tenons à répéter que notre exposé a été tracé en considérant uniquement l'économie spéciale de la production du sucre dans nos pays : c'est ainsi, par exemple, que dans la comparaison de la valeur respective des divers systèmes d'extraction du jus de la betterave, nous avons pris pour type la méthode de pression hydraulique telle qu'on la pratique dans nos régions et non la méthode de double pression usitée généralement dans les établissements de l'Allemagne.

Nous formons le vœu de voir cette étude sur la diffusion servir largement à la propagation d'un procédé des plus rationnels, économique et hautement recommandable au point de vue agricole comme à tous autres points de vue.

Louvain, 1er Septembre 1879.

INTRODUCTION.

Considérations sur les procédés usuels d'extraction du jus de la betterave.

I.

L'idée de supprimer tout outillage de pression mécanique et de recourir uniquement à l'action dissolvante de l'eau pour extraire le sucre renfermé en solution dans le tissu de la betterave n'est pas absolument neuve. Dans le système d'extraction par la pression hydraulique, où l'on réduit, au préalable, la racine en bouillie, en la déchirant à l'aide d'un puissant râpage, on se rend aisément compte de l'influence qu'exerce sur le rendement en jus l'eau qu'on ajoute, à la râpe, pour faciliter le déchirement du tissu et la sortie du jus sucré. De là, l'idée émise dès l'origine même de l'industrie et reproduite sous des faces diverses dans le cours de ce siècle, de baser l'extraction du jus sur la donnée du pouvoir absorbant de l'eau pour les parties sucrées mises à nu ou rendues libres par l'ouverture des cellules de la betterave lors du râpage de cette plante.

Un éminent agronome, Mathieu de Dombasle, réalisa le premier, au début de ce siècle, un mode d'extraction du sucre *par digestion*, c'est-à-dire, en faisant emploi d'eau chaude pour éliminer le sucre des betteraves préalablement débitées en tranches dont l'épaisseur atteignait au plus 4 à 5 millimètres. Dombasle découpait la racine à l'aide d'un tranchoir rudimentaire et non par l'action de la râpe. Ce système, auquel son auteur attacha le nom impropre de *macération* (1), offre des analogies marquées avec le système moderne de la diffusion : il n'est pas sans intérêt de s'y arrêter quelques instants, vu la similitude de certaines conditions de travail dans les deux systèmes, afin de prémunir les industriels-*diffuseurs* contre les inconvénients présentés par le procédé de macération et qui peuvent éventuellement se produire en cours de diffusion.

L'outillage de la macération Dombasle consistait en un coupe-racine alimentant une série de cuves à faux-fonds. On versait, à plusieurs reprises, de l'eau bouillante sur les cossettes accumulées dans la première cuve : le liquide sucré qui s'en écoulait servait à extraire le sucre des cossettes de la 2e cuve; le jus enrichi de la sorte passait ensuite sur les cossettes de la 3e cuve, et ainsi de suite, jusqu'à ce que, par ce lessivage méthodique, l'eau initiale se fût graduellement transformée en un jus sucré d'un poids spécifique convenable pour la défécation,

(1) La macération est, à proprement parler, un lessivage *à froid* : c'est la basse température à laquelle se pratique l'épuisement qui différencie cette opération de la décoction, de la digestion et autres traitements analogues.

c'est-à-dire, approchant celui du jus naturel de la plante.

On arrêtait l'ablution de la première cuve lorsque l'aréomètre n'indiquait plus de matières solides dans le liquide qui s'écoulait de cette cuve : originairement, on se bornait même à s'assurer que l'eau légère n'offrait plus la saveur sucrée.

La simplicité et la hardiesse du système, à une époque où la science manufacturière comme l'outillage industriel étaient eux-mêmes élémentaires, procurèrent à l'invention de Dombasle une prompte et légitime renommée. La quantité de jus obtenue était considérable; les frais d'extraction étaient minimes, car le système supprimait du coup les râpes et les presses hydrauliques avec le nombreux et coûteux personnel que requiert l'emploi de ces engins; on économisait la force motrice à l'atelier d'extraction, les sacs en laine et les frais qu'amène leur entretien. La quotité de sucre immobilisé dans le résidu était insignifiante.

Ne croirait-on pas lire l'énoncé des qualités qui recommandent le système de la diffusion?

Mais voici, d'autre part, les inconvénients de la méthode, inconvénients radicaux qui enrayèrent bientôt son développement. L'épuisement complet des cossettes exigeait un temps très long pendant lequel elles restaient exposées à l'action de l'air : or, par l'effet d'un refroidissement inévitable, les jus en circulation donnaient une large prise à la fermentation, de permanence à l'usine. On y parait en partie par l'alcalinisation du dissolvant, à l'aide de la chaux : mais il devenait bientôt malaisé d'épuiser les cossettes par emploi de jus ou d'eau très calcaire; et le résidu, la betterave épuisée, perdait de sa valeur alimentaire par le fait de l'incrustation que présentait son tissu sous le passage de ces mêmes liquides calcaires. La macération ne durait pas moins de six à huit heures : parfois, en fin de campagne notamment, elle se prolongeait au double de ce terme et donnait alors des jus fortement colorés à la cuite.

Le point spécialement défectueux de la méthode résidait dans la haute température de l'eau de digestion à l'origine de l'opération : le tissu de la betterave était lui-même attaqué par l'eau chaude et se transformait partiellement en composés pectiques solubles, qui passaient dans les jus en leur communiquant, ainsi qu'aux sucres, une viscosité des plus nuisible (1) et une nuance foncée lors de la concentration des sirops.

« On en revient toujours aux premières *idées.* » La diffusion reproduit le mode de Dombasle en corrigeant ses côtés défectueux : l'épuisement se fait à une température moins élevée, qui laisse intacte la cossette tout en la dépouillant complètement du sucre; l'opération est rapide, à l'abri de l'air, sans addition de chaux, toutes circonstances de nature à rendre les jus peu mélassigènes, d'une cuite aisée et peu colorés. On en revient donc au point de départ, mais éclairé des lumières de la science et de l'ex-

(1) D'après certains chimistes, une partie en poids de pectine dissoute dans le jus peut empêcher la cristallisation de quinze parties de sucre.

périence, aidé aussi par l'outillage perfectionné de notre époque. Dans un temps où chacun, en matière de diffusion, prétend attacher son nom à un nouveau système, qu'il prône comme le meilleur, il nous a paru convenable d'insister, au début de cette étude, sur la priorité incontestable acquise à l'illustre agronome de Roville dans la série des procédés qui visent à opérer par l'action seule de l'eau l'extraction du sucre de la betterave. A tout seigneur, tout honneur.

Dans une récente conférence faite à la Société générale des fabricants de sucre de Belgique, notre savant collègue, M. Vivien, exposant le système de la diffusion, signalait comme un *desideratum* auquel le progrès de la méthode conduirait vraisemblablement quelque jour, celui qui consisterait à soumettre à la diffusion le *pressin* même, la betterave râpée et non plus la betterave découpée. Cette opinion prêterait, dans l'état actuel de nos connaissances, à une sérieuse discussion, déplacée dans un exposé de la nature de celui que nous entreprenons ici. Mais nous reproduisons à dessein cette assertion pour montrer, comme nous venons de l'indiquer pour la macération Dombasle, que l'extraction du sucre opérée exclusivement par l'épuisement du pressin à l'aide de l'eau, système que les industriels doivent appeler de leurs vœux, a donné lieu, lui aussi, il y a près d'un demi-siècle, à des essais sérieux bien que restés stériles.

Ce fut en 1837 que Pelletan réussit à installer

dans un grand nombre de fabriques son *lévigateur*, appareil opérant l'épuisement de la râpure de betteraves par un lessivage méthodique et supprimant à peu près toute main-d'œuvre entre la râpe et les vaisseaux de défécation.

Nous avons reproduit, dans les colonnes de la *Sucrerie Belge* (1), la description détaillée et le mode d'emploi d'un appareil breveté en faveur d'un de nos confrères, savant et praticien tout à la fois, M. E. Charles. Cet appareil est destiné à opérer, en un seul vase, la diffusion continue des cossettes, à l'aide d'une vis d'Archimède horizontale qui fait avancer lentement les lamelles à épuiser d'une extrémité à l'autre d'un cylindre mesurant huit mètres de longueur. De l'eau fraîche pénètre par le bout du cylindre opposé à celui par lequel entre la cossette : cette eau se charge de plus en plus à mesure qu'elle avance vers son orifice de sortie ; la cossette, de son côté, s'appauvrit graduellement jusqu'à ce qu'elle tombe à l'extérieur, complètement désucrée, au dernier pas de la vis, tandis que l'eau, parvenue, en cheminant inversement, au premier pas de la vis, sort du cylindre avec une densité à peu près égale à celle du jus tel qu'on l'envoie communément au mesureur de la régie.

Le diffuseur-continu de M. Charles nous a rappelé, par certains côtés et dans son aspect sommaire, le *lévigateur Pelletan*, appareil trop tôt oublié et qui mériterait de servir à nouveau aux études de

(1) N° du 15 janvier 1878. *Appareil de diffusion continue, à un seul vase*, par E. Charles, de Sterpigny (Gouvy). Liége, Demarteau, éditeur.

nos constructeurs. L'inconvénient principal du lévigateur horizontal gisait dans la forte proportion de pulpe folle qui chargeait les jus et dans l'altération qu'amenait promptement dans ces liquides le *touillage* de la pulpe, délayée très menu, au contact de l'air : c'était introduire par deux portes différentes le loup dans la bergerie.

La *méthode de Schützenbach,* qui traite également la pulpe de betterave directement *par macération,* est une variante de l'idée de Pelletan : elle s'implanta, à une certaine époque, dans un grand nombre d'établissements. Les essais tentés par Schützenbach pour épuiser par l'eau, non la pulpe râpée, mais bien la betterave fraîche débitée en lanières, ne furent pas couronnés de succès. En pratique, voici comment fonctionnait le système.

La pulpe était produite sans addition d'eau à la râpe. Transportée dans un vaisseau spécial, on l'y additionnait de 50 °/₀ d'eau, qui s'incorporait intimement à la bouillie grâce à l'action d'un agitateur, analogue au mélangeur à peignes verticaux en usage dans certaines brasseries. L'agitateur était monté sur un arbre vertical, placé au centre de la cuve et faisant 20 révolutions à la minute. Après cinq minutes de contact, on soutirait; ce premier jus léger était dirigé vers une seconde cuve, installée comme la première et remplie de pulpe fraîche. Même manœuvre du 2e au 3e vase, du 3e au 4e, et ainsi de suite, jusqu'à un 16e et dernier vase. Il y a du 1er vase au dernier un système de tuyaux qui permet, par exemple, de remplir d'eau le 1er vase à un niveau égal à celui qui s'établit dans le 2^d vase après l'introduction du jus léger.

Voici, en un tableau, la décroissance des densités indiquée, d'un part, par le calcul théorique, d'autre part par, les constatations de la pratique, d'un vaisseau de macération au suivant, dans une fabrique qui utilisait une racine dont le jus initial marquait 15.4 % Balling.

La colonne *théorique* contient les chiffres obtenus par le calcul en partant de la donnée de 16 % Balling pour le jus initial. La colonne *pratique* a trait, comme nous l'avons dit, à un jus moyen un peu moins dense. Les degrés sont pris à l'aréomètre Balling.

Nos des cuves . .	1	2	3	4	5	6	7	8	9	10
Degré calculé % .	0.25	0.5	1	2	4	8	12	14	15	15.5
Degré constaté % .	1.1	2.2	2.75	3.5	4.5	5.4	6 75	8.8	9.5	12

Les résultats obtenus par l'emploi de la macération Schützenbach étaient très variables d'un établissement à l'autre en dépit de tous les soins : on en a conclu rationnellement à l'imperfection de la méthode. Les pulpes folles et les écumes infestaient les jus de macération malgré toutes les précautions prises par l'industriel ; et dans le cas où l'on visait à réaliser la pureté des jus par l'emploi de pulpe râpée gros, l'épuisement était fort incomplet. Somme toute, le procédé s'appliquait avantageusement aux seules betteraves riches, ce qui explique comme quoi il soit resté localisé en Allemagne. La quantité d'eau nécessaire pour la macération et le lessivage des cuves atteint dans ce procédé trois à quatre fois le poids des betteraves. Le rendement en jus peut atteindre 89 pour cent, soit 4 à 5 % de plus que par les presses hydrauliques.

La macération vise à utiliser le contact mécanique de l'eau avec le jus, ou, si l'on veut, avec les cellules ouvertes de la betterave : elle a pour but, en quelque sorte, de laver toutes les cellules saccharifères. Les jus de macération sont donc constitués par des eaux de lavage généralement très impures. Le travail, presqu'entièrement automatique, présente l'avantage de diminuer, relativement au mode de la pression hydraulique, la main-d'œuvre dans une proportion notable.

Dans le système de la macération, les résidus, très aqueux, sont habituellement soumis à une pression grossière, qui prévient leur altération et les rend d'une utilisation et d'un transport faciles.

L'habile technologiste Walkhoff a imaginé de combiner *la pression hydraulique et la macération*, de manière à extraire sensiblement la totalité des éléments solubles de la betterave. Les jus qui proviennent de ce traitement donnent une production supérieure de sucre et de mélasses, avec un emploi moindre d'eau que dans le cas de simple macération. Le système est, d'autre part, frayeux et présente réunis les désavantages spéciaux aux deux méthodes d'extraction qu'il utilise simultanément.

En Allemagne, on a aussi installé, dans de rares usines, le système de lessivage de la pulpe fraîche à l'aide de *turbines* ou de *presse-filtres*. Ces diverses tentatives visant à remplacer, en totalité ou en partie, le mode usuel d'extraction du jus, nous paraissent remarquables, indépendamment de leur mérite intrinsèque, en ce qu'elles témoignent d'un désir universel d'arriver à un procédé d'extraction moins onéreux, plus simple et plus efficace que celui de la pression hydraulique.

L'apparition de plus en plus fréquente d'appareils de *pression continue*, outillage dont se sont surtout préoccupés les constructeurs français, dérive de la même tendance. Constatons néanmoins, en terminant ce court aperçu, que, jusqu'à la date actuelle, le système d'extraction du jus de betterave par *pression hydraulique* est de tous celui qui, en France et en Belgique, a rallié la majeure partie, la quasi-unanimité des industriels. Cette faveur se justifie par la valeur du système, comparativement aux méthodes que nous venons d'esquisser. Néanmoins, ce mode d'épuisement est loin encore de répondre aux exigences d'une industrie où une légère fraction dans le rendement, soit en plus, soit en moins, peut à elle seule constituer le manufacturier en gain ou en perte, en excédant ou en manquant.

Le tableau suivant, résumant de récentes expériences exécutées par M. Durin, nous fait apprécier les pertes à l'extraction du jus par les presses hydrauliques et la pureté comparée de la betterave et du jus extrait :

CAMPAGNE 1878-79.	BETTERAVES travaillées.	SUCRE		DENSITÉ aux bacs jaugeurs.	QUOTIENT DE PURETÉ DU JUS	
		p. % kil. de betteraves.	p. % kil. de betteraves dans les bacs jaug.		dans la betterave.	aux bacs jaugeurs.
Du 7 Octobre au 19 Octobre	2.251.500	11.02	9.41	3.9	80.7	80.4
Du 20 Octobre au 2 Novembre	2.544.000	10.60	8.77	3.8	78.75	78.52
Du 3 Novembre au 16 Novembre . . .	2.565.000	10.74	8.96	3.8	79.05	79.08
Du 16 Novembre au 30 Novembre . . .	2.573.000	10.21	8.60	3.8	77.96	77.14
	9 933.500	10.64	8.935	3.825	79.11	78.77

Perte à l'extraction : 10.64—8.935=p. 0/0 kilog. de betteraves. 1.705.

Donc : sur 100 kilog. de betteraves travaillées par les presses hydrauliques, et additionnés d'environ 40 0/0 d'eau à la râge, betteraves ayant une richesse moyenne de 10.64, la perte dans les pulpes, sacs, etc., etc., est de 1.70 de sucre.

Cette perte est bien entendu variable avec la richesse de la betterave, plus elle sera riche, plus la perte sera élevée et *vice versa.*

M. Durin opine dans le sens de notre avis, exprimé plus loin, en ce qui regarde le mode vicieux de conclure de la quantité de pulpe produite à la quantité de jus extrait. « L'analyse de la pulpe, difficile à faire à tous points de vue et surtout comme prise d'échantillon, donne une perte moins élevée; on fait 21 0/0 de pulpe dans l'usine dont nous nous occupons et cette pulpe ne donne que 6 à 7 0/0 de sucre à l'analyse, soit une perte de 1.20 à 1.30; or, la perte réelle, établie par de nombreuses analyses, sur 10.000.000 de kilog. de betteraves environ est de 1.70; donc l'analyse pure et simple de la pulpe est un mauvais moyen d'appréciation de la perte à l'extraction.

Par les presses continues (1), double pression, et malaxage entre les deux pressions à la température de 50 à 55° pendant dix à douze minutes avec 120 à 140 0/0 d'eau du poids de la pulpe de première pression, et en travaillant les betteraves de 11 à 12 0/0 de sucre; la perte à l'extraction par 100 kil. de betteraves est de 1.00 à 1.10 de sucre.— On peut maintenir cette perte constante, quelle que soit la richesse de la betterave, en augmentant ou en diminuant la proportion d'eau ajoutée.

La macération ou le malaxage à l'eau froide, donne des résultats inférieurs à ceux obtenus par l'eau chaude; mais, même opérée vers 55°, cette macération n'est jamais assez complète pour amener un équilibre complet entre la teneur en sucre des jus faibles et celle de la pulpe. »

II.

Les considérations qui suivent ont particulièrement trait au mode suivi en France et en Belgique dans la mise en œuvre du système d'extraction du

(1) Les presses employées étaient des systèmes Collette et Champonnois.

jus qui a prévalu jusqu'à présent, à savoir celui des *presses hydrauliques*. Dans l'intention d'établir plus tard un parallèle entre ce système et celui de la diffusion, nous passerons rapidement en revue diverses conditions d'exécution du procédé, qui influent dans le calcul du rendement comme aussi sur le résultat du travail.

L'extraction des jus de betteraves par râpage et pression hydraulique fournit généralement, dans nos pays, de 74 à 80 °/₀ du jus naturel de la betterave. Nos meilleurs ateliers de presses ne dépassent guères 80 °/₀ ; en moyenne, on atteint 78 °/₀ environ.

Ces chiffres sont déduits de nombreuses constatations en poids, tant de betteraves que de pulpes, à la bascule des fabricants. Il y a, dans l'établissement de ces chiffres, une certaine élasticité provenant de ce qu'ils ne représentent pas exactement des poids de betteraves réellement râpées et mises en œuvre, mais bien des poids de betteraves que le coëfficient de *la tare* est venu modifier souvent d'une manière arbitraire. L'industriel qui ne se rend pas un compte exact et constant de la variation de ce coëfficient ne se trouve jamais à même d'asseoir sur une base indiscutable le calcul de son travail manufacturier et de ses rendements. Il en est de même de l'écrivain qui fait état, sans y apporter de réserves, des chiffres établis de cette façon par l'industriel.

Il est une série de points à considérer si l'on veut savoir bien nettement la quantité de matière première que l'on travaille, pour déduire de cette donnée la valeur même du procédé que l'on suit pour en retirer le sucre.

Que de fois, par exemple, le lavage des racines ne laisse-t-il pas à désirer? Que de fois le laveur n'amène-t-il pas à la râpe des betteraves viciées par l'adhérence de matières terreuses, nuisibles à la bonne marche du travail et qui figurent, dans le recensement du manufacturier, comme poids de betterave réellement travaillé?

Au râpage, dans les manipulations qui s'ensuivent, il se perd une quantité notable de jus par adhérence aux surfaces métalliques et autres, aux claies, aux sacs, au parquet, etc.; par suite de projections, d'altérations, du défaut de constance dans la pression et autres circonstances analogues, les conditions de l'extraction varient non-seulement d'une usine à l'autre, mais dans la même usine d'un jour à l'autre et parfois dans le cours d'une même journée.

Dans la confection de la bouillie à presser, l'eau ajoutée à la râpe joue un rôle prépondérant et sur la densité du jus et sur la facilité plus ou moins grande, soit de son extraction par la pression hydraulique, soit même de son travail et de son épuration aux opérations ultérieures de la fabrication. Or, l'admission de l'eau de dilution au râpage se fait sans calcul aucun, sans règlement : le surveillant du poste reçoit pour toute consigne d'élargir la venue d'eau lorsque le jus vient à accuser, au densimètre de la régie, une densité trop élevée; de la restreindre, au contraire, lorsque ce chiffre vient à baisser; de combiner ces deux manœuvres de façon à conserver au jus admis aux vaisseaux du travail une densité aussi constante que possible, oscillant, par exemple, de 3°.8 à 4°, de manière à ne jamais abandonner dans le résidu de la pression un jus trop riche. Il suit de là que jamais, dans nos usines, on ne connait avec précision la quantité d'eau que l'on ajoute à la râpe (1), à moins de la jauger exactement, à l'occasion d'expériences spéciales. Nous verrons plus loin que, à moins de peser, comme cela se pratique en Allemagne, toutes les quantités de racines dûment décolletées et lavées qu'on admet au râpage, il manque aux estimations un élément important si l'on ne tient pas un compte scrupuleux de l'eau introduite lors du râpage.

Un autre élément, dont la quotité et l'influence néfaste viennent vicier la quantité et la qualité du jus mis en œuvre, c'est la pulpe folle qu'on constate dans nombre d'établissements, soit d'une façon permanente, soit à certain degré d'usure de la râpe, et qui varie aussi en raison inverse du soin qu'on met à éviter sa formation ou à la retirer du jus avant de diriger celui-ci vers les vaisseaux de défécation. Cet élément vient aussi altérer les calculs et il agit à l'encontre des intérêts de l'industriel sur le densimètre de la régie. Les terres entraînées dans le jus

(1) Dans les distilleries, tout le volume de l'eau admise aux appareils de réfrigération doit forcément traverser une éprouvette en verre, portant une graduation et placée bien en vue, dont les organes sont disposés de telle manière que l'on puisse aisément, à toute heure, lire sur l'éprouvette le nombre de litres qui s'écoulent par minute et modifier à son gré, dans des limites précises, la quantité d'eau admise dans la circulation.

On ne saurait trop recommander l'adoption d'un organe régulateur de l'espèce, qui rendrait de véritables services pour contrôler le volume de l'eau livré à la râpe et partant, les variations mêmes qui se produisent dans le poids du jus naturel des betteraves et dans le travail de la pression hydraulique.

lors du râpage de racines malpropres exercent une influence analogue, au double point de vue de l'altération de la prise en charge et de celle du travail.

L'absence de bases rationnelles pour l'approvisionnement de l'usine permet aussi à la betterave de qualité inférieure de parvenir à la râpe au même titre et au même prix que les racines susceptibles de fournir un rendement avantageux. De là, ces quantités presqu'indéfiniment variables de jus à faible titre, dont la qualité varie également dans des proportions importantes. Il ne faut plus s'étonner, dès lors, de constater, dans le rendement des établissements sucriers, des écarts de 90 à 110 litres de jus par cent kilogrammes de betteraves mises en œuvre; ou encore des écarts de 1.035 à 1.045 dans la densité des jus naturels fournis par les betteraves de diverses provenances dans une même usine, ou bien d'une même betterave à différentes époques de la campagne. Personne n'ignore dans quelles limites peut décroître le poids spécifique et la pureté de composition d'une betterave, lorsque sa conservation sur le champ, en tas ou en silos n'a pas été entourée des soins nécessaires, spécialement lorsqu'on peut craindre une température trop élevée ou des gêlées. La betterave à jus faible, généralement de qualité médiocre, est plus que toute autre sujette à des altérations graves par le fait de son échauffement en silo : lorsqu'on la travaille altérée, en fin de campagne, on constate fréquemment un abaissement brusque dans le rendement des masses cuites, en même temps qu'augmente le volume des mélasses produites.

Ce qui précède suffit à expliquer comment, dans des conditions en apparence assez semblables, on peut arriver à des résultats totalement différents. Les données incomplètes donnent forcément lieu à un contrôle inexact et insuffisant, dont on ne peut tirer d'induction réellement utile : dans cette pénombre, l'industriel ne peut distinguer nettement la cause véritable des pertes et, conséquemment, il ne peut pas non plus y porter remède.

Par le système usuel d'extraction du jus, les pertes en sucre, au poste des presses hydrauliques, s'élèvent à 15 ou 20 °/₀ du sucre extrait : cela fait, au bas mot, pour la Belgique seulement, une immobilisation de 12 à 15 millions de kilogrammes de sucre dans le résidu de la pression et dans les diverses manipulations accompagnant l'extraction du sucre. Sur une campagne de 10 millions de kilogrammes de racines la perte se chiffre par environ 150,000 kilogrammes de sucre, quantité aisément récupérable, en majeure partie du moins, par l'adoption de systèmes plus simples et plus économiques.

Telle est la démonstration des faits, avec leur logique brutale. Il n'est pas, d'ailleurs, malaisé de démontrer *a priori* l'impuissance de la méthode de râpage à atteindre le but proposé d'une extraction aussi complète que possible.

La solution de sucre dans la betterave est emprisonnée dans des cellules microscopiques. Le râpage a pour objet d'ouvrir ces cellules, de façon à ce qu'aucune, si possible, n'échappe à ce déchirement du tissu. Or, sous le microscope on compte au minimum 150 à 200 de ces petits réservoirs ou cellules par millimètre cube. En admettant qu'on parvienne à construire une râpe assez perfectionnée pour que les lames tenues de ses scies parviennent à effectuer momentanément ce travail d'une extrême délicatesse, il est de toute évidence que la section parfaite du tissu cessera bientôt de se produire par le fait de l'usure de la râpe, de l'oblitération des dents de scie qui perdent peu à peu, par le travail, et leur trempe, et leur tranchant et leur pointe. D'autre part, la quantité de travail, la masse journalière de betteraves à râper, restant constante alors que l'outil perd graduellement de ses qualités, on comprend que la valeur du travail va baissant de plus en plus et qu'on s'écarte ainsi de plus en plus du but poursuivi.

L'addition de l'eau produit une augmentation de rendement, et cette augmentation est, jusqu'à un certain point, en raison directe de la quantité d'eau ajoutée; de là, son usage universel dans les différents systèmes d'extraction de jus. Ainsi, une part directe et très active doit être attribuée à l'action de l'eau sur la cellule saccharifère, même dans le travail par voie de râpage et de pression. Non seulement la présence de l'eau sert à faciliter le travail mécanique mais encore, par son contact avec le système cellulaire de la betterave, elle exerce une action décisive sur le travail d'extraction. Cette influence utilisée en sous-œuvre et dans des conditions extrêmement défectueuses par le râpage, est due aux phénomènes osmotiques dont l'observation a conduit à un procédé d'extraction basé essentiellement sur les propriétés des liquides mis en contact avec les cellules végétales.

Nous avons jugé utile d'introduire ici quelques considérations sur la manière d'établir, avec autant d'approximation que possible, les données dont nous venons de signaler l'importance. La connaissance du poids de la matière réellement entrée en cours de fabrication, étant avant tout indispensable pour la détermination des rendements d'un système d'extraction, la manière de le trouver par le calcul a de tout temps exercé la sagacité du fabricant de sucre de betteraves. A cet effet, on a recours à différentes formules.

Généralement, on part de l'égalité :

Betterave + Eau de râpage = Jus des presses + Pulpe.

Nous savons, par ce qui précède, que cette égalité est purement hypothétique : admettons provisoirement qu'elle soit exacte. Connaissant le poids du jus des presses et de la pulpe il suffit de connaître la quantité d'eau ajoutée à la râpe pour que la détermination du poids de la betterave soit possible. La question se trouve donc ramenée à trouver la quantité d'eau de râpage.

Dans un récent travail très estimable on trouve, concernant cette question, une table de Pythagore indiquant les proportions d'eau, calculées d'après les densités des jus naturels et des jus dilués obtenus à la défécation ou au mesureur de la régie. L'auteur n'indique pas de quelle manière ces chiffres sont obtenus. Manifestement, le problème à résoudre est celui-ci : Etant donné un volume de jus dilué de densité δ provenant du mélange d'un volume V de jus concentré, de densité α, et d'un volume V' d'eau (densité prise pour unité), déterminer le rapport des volumes mélangés.

Cette question de mélange est aisée à résoudre par les formules très simples :

$$V = \frac{\delta - 1}{\alpha - 1} \qquad V' = \frac{\alpha - \delta}{\alpha - 1}$$

Ainsi, dans l'exemple d'un jus naturel de 1.06 ramené à 1.04, l'on obtient :

$$V = \frac{1.04 - 1}{1.06 - 1} = \frac{0.04}{0.06} = \frac{2}{3}$$

$$V' = \frac{1.06 - 1.04}{0.06} = \frac{1}{3}$$

C'est-à-dire que les volumes respectifs formant le mélange sont

$$V = 66\ \%$$
$$V' = 34\ \%$$

en chiffres ronds.

De même, soit un jus naturel accusant 1,052 et qui est descendu à 1,038, arrivé aux cuves de défécation. On posera :

$$V = \frac{38}{52} = 73\ \%$$

$$V' = \frac{14}{52} = 27\ \%$$

D'où, la règle : la quantité d'eau est indiquée par le quotient qu'on obtient en divisant la différence des densités par la plus forte densité. La signification exacte de la formule peut s'énoncer, pour le dernier exemple, en ces termes : 73 litres de jus à 1.052 ont été additionnés de 27 litres de liquide à 1.000.

Il n'est donc pas exact de dire que, dans ce cas, on a ajouté, 27 *pour cent d'eau,* ainsi qu'on s'exprime dans le langage usuel. Pour déduire de ces chiffres la quantité d'eau ajoutée par cent kilogr. de betteraves il faudrait connaître, en % du poids de la betterave, soit la quantité fournie de jus à 1.052, soit la quantité de jus obtenue à 1.038.

Supposons, par exemple, que 100 kilogr. de racines ayent donné 102 litres de jus accusant 1.038. On posera :

$$1.038 \times 102 : x = 100 : 27$$

D'où $x = 28.58$

On voit qu'en dernière analyse il ne reste, pour résoudre le problème, d'autre issue que de peser la betterave, entre le lavoir et la râpe. Quelques industriels consciencieux procèdent à ce pesage, soit à jours fixes, soit périodiquement pendant plusieurs jours, en vue d'être fixés sur la quantité de betteraves nécessaire pour obtenir un hectolitre de jus d'une densité donnée. Lorsque cette constatation se pratique régulièrement et dans des conditions identiques, elle constitue un méthode irréprochable et des plus hautement instructive. Elle reste, dans tous les cas, le seul mode actuellement possible d'évaluer avec l'approximation voulue les éléments essentiels à connaître.

La difficulté, le soin et la fréquence des opérations

qu'exige cette méthode par pesage a conduit à l'artifice suivant, dont maints fabricants font usage : on part de la donnée (1) que 96 % de jus sont renfermés en moyenne dans la betterave ; l'extraction industrielle, par les procédés usuels, ne procure qu'une partie de ces 96 % de jus naturel. Le rapport entre la quantité de jus extraite et la quantité totale supposée dans la matière première sert, dans ce cas, de point de comparaison pour établir l'efficacité relative des divers systèmes d'extraction. Malheureusement, la substitution du rapport des jus au rapport des quantités de sucre offre des avantages plus apparents que réels. La simplification des opérations et des calculs à effectuer, but évident de cette substitution, est ici acquise au détriment de l'approximation qu'on cherche à obtenir.

Mais arrive-t-on, dans la routine manufacturière, à déterminer plus exactement le poids de la pulpe, chiffre sur lequel on s'appuie dans la détermination de la quantité de jus? Il y a lieu tout au moins d'en douter.

On sait, en effet, que les pulpes des presses hydrauliques absorbent avec avidité l'humidité ambiante. On constate aisément cette propriété en pesant, avec les précautions voulues, un échantillon de pulpe fraîchement pressée. Suivant l'état hygro-

(1) Cette hypothèse a été assez vivement combattue de nos jours. Le Dr Scheibler, entr'autres, estime à 90 % la dose maxima de jus constaté dans les betteraves. Une notable proportion d'eau, imprégnant la cellulose du tissu, n'a rien de commun avec le jus sucré et c'est à tort que, lors du dosage par dessication, on fait état de cette eau *(eau d'imbibition* ou d'*hydratation)* pour établir la composition centésimale du suc végétal qu'il s'agit de retirer industriellement.

métrique de l'air la pulpe augmentera de poids, dans une mesure plus ou moins considérable, avec une rapidité non moins remarquable.

Etant données les variations brusques d'humidité, de température, en général des conditions hygrométriques de l'air, éminemment variables, principalement à l'époque de la fabrication, il est clair que la fixation d'un coëfficient d'absorption d'humidité offrirait des difficultés insurmontables et que tout calcul basé sur les poids des pulpes est, dans une certaine mesure, sujet à caution.

A celui qui veut tenir un compte sérieux de la marche de son travail par la pression hydraulique, il ne reste donc qu'un parti à prendre : c'est de peser le poids des betteraves, telles qu'elles sont fournies à la râpe, afin de connaître en tout temps avec précision la quantité de matière première mise en œuvre. Quelle que soit l'utilité et, à notre avis, l'indispensable nécessité de cette opération, il est rare de la voir mettre en pratique, à moins que des exigences fiscales n'y obligent, comme c'est le cas en Allemagne.

Ce n'est pas, croyons-nous, faire injure à nos confrères, les industriels agricoles, que de constater ici que beaucoup d'entr'eux n'attachent pas une importance suffisante à la comptabilité *technique* de leur usine, à cette surveillance chiffrée qui seule peut régler convenablement l'économie de la fabrication. A ce point de vue; nous ferons remarquer que le régime fiscal de la sucrerie, dans les divers pays où la fabrication est grevée d'une accise, offre ce réel avantage de fournir à l'industriel des renseignements précis d'un grand prix, tels que le chiffre des betteraves admises à la bascule de la régie allemande et celui des volumes et des poids de jus pris en charge par les employés de la régie en Belgique. Si quelque jour la législation belge venait à disparaître par le fait de l'abolition des droits sur le sucre ou par toute autre cause, nos fabricants de sucre perdraient, dans la brigade des accisiens, un poste de comptables techniques dont le service, très soigné et très précis, est d'autant plus précieux qu'il s'exerce gratuitement.

Pour synthétiser les considérations auxquelles nous a amené l'examen du procédé d'extraction par les presses hydrauliques, nous empruntons à M. Vivien un tableau indiquant, en moyenne, les pertes de sucre constatées au poste de l'extraction, dans ce système, ainsi que les pertes amenées par les autres opérations de la fabrication.

TABLEAU

(d'après M. VIVIEN).

SUCRE.	BETTERAVE.			
	à 10 p. c. de sucre.		à 11 p. c. de sucre.	
	K.	p. c.	K.	p. c.
Extrait à l'état cristallisé	5 80	soit 58	6.16	soit 56
Perdu { dans les pulpes.	1.55	» 15.5	1.76	» 16
Perdu { dans le noir, à l'évaporation, etc.	0.80	» 8	1.00	» 9
Immobilisé dans les mélasses.	1.85	» 18.5	2.08	» 19

LA DIFFUSION.

CHAPITRE PREMIER

Notions théoriques.

Avant d'aborder la description technique de l'outillage et de la méthode de diffusion et d'établir un parallèle entre ce système et ceux que nous venons de passer en revue, nous nous arrêterons un instant aux notions purement théoriques que cette description suppose chez le lecteur et qui constituent la clef de la méthode.

Il est vraisemblable de croire que, si cette partie purement théorique de notre étude est celle à laquelle le lecteur attachera, peut-être, au début, le moins d'importance, vu l'intérêt plus immédiat que présente l'exposé de la méthode manufacturière, en revanche ces pages seront celles auxquelles il reviendra, par après, le plus assidûment, parce qu'elles initient aux causes premières, aux réactions caractéristiques, aux lois naturelles des phénomènes qui se manifestent dans les vaisseaux de diffusion. Lorsqu'on possède bien la clef des phénomènes, les applications industrielles où ils interviennent se conçoivent, s'ordonnent et se contrôlent bien plus aisément, plus rationnellement, plus efficacement.

Considérée théoriquement, la diffusion est un phénomène de déplacement en vertu duquel les molécules (1) de corps fluides peuvent être trans-

(1) *Molécule* est le mot dont les chimistes se servent pour désigner le dernier terme que la pensée peut assigner à la *division mécanique* d'une substance; on nomme *particule* le dernier terme de division possible à l'aide des moyens mécaniques dont nous disposons. Une particule ou minime parcelle de matière peut être composée de l'aggrégation d'un nombre considérable de molécules, présentant entr'elles des espaces vides ou pores et adhérentes par cohésion.

La divisibilité de la matière est, pour ainsi dire, illimitée. Une particule de carmin, si tenue qu'elle n'offre aucune sensation au toucher, peut encore colorer d'une façon appréciable à l'œil plusieurs mètres cubes d'eau, dont chaque goutte sera en possession d'un fragment homéopathique de la particule de carmin.

La molécule est, elle-même, un groupement régulier et mathématique d'un certain nombre d'*atômes,* de nature identique ou de natures diverses. Ainsi, quelque petite qu'on se représente, par la pensée, la molécule de l'eau, le chimiste y distingue le groupement de 2 atômes de gaz hydrogène avec l'atôme de gaz oxygène, que les expériences de laboratoire peuvent séparer par le jeu de *forces chimiques.*

Dans les cours de chimie, pour figurer les rapports qui unissent la molécule à ses atômes constituants, on a l'habitude de représenter celle-ci par une forme géométrique régulière, telle que celle d'un cube. Dans ce cas, la molécule cubique est composée, par exemple, de quatre petites sphères rouges et d'autant de sphères blanches, distribuées à chaque angle du cube, de façon à ce qu'aucune sphère rouge ne touche une sphère blanche et *vice-versa.* Ces sphères représentent des atômes de deux substances élémentaires différentes et leur groupement donne, par analogie, une idée de la constitution intime de la molécule.

Les notions sur la constitution intime de la matière constituent ce que l'enseignement de la chimie offre de plus ardu. Nous avons toutefois cru devoir présenter au lecteur les considérations sommaires qui figurent au début de cet exposé, parce que, donnant l'explication du phénomène de la diffusion, elles peuvent jeter une certaine lumière sur la conduite manufacturière du procédé d'extraction du sucre basé sur ce phénomène.

portées d'un milieu dans un autre sans aucune intervention de forces mécaniques ou chimiques.

Ce phénomène prend naissance au moment du contact de masses liquides ou gazeuses de nature différente et n'ayant entr'elles aucune action chimique. Un phénomène analogue peut se manifester malgré l'interposition de membranes animales ou végétales imperméables à l'un des liquides sur lesquels on opère. Le jus de la betterave se trouve renfermé dans des membranes végétales de l'espèce : l'application des phénomènes que nous venons d'esquisser à l'extraction de ce jus a reçu, dans la pratique manufacturière, le nom elliptique de diffusion.

Qu'on nous permette de placer ici un exemple de ces deux variétés de diffusion (1), emprunté, pour la clarté de notre démonstration, à l'économie domestique. Lorsqu'on introduit avec précaution un liquide alcoolique coloré, du vin rouge, par exemple, à la surface d'un vase rempli d'eau, en évitant autant que possible de provoquer le mélange des deux liquides, le vin, de densité inférieure, reste au-dessus du vase en y formant une tranche nettement distincte, ainsi que le ferait un corps gras, tel que l'huile. Mais peu à peu, la diffusion s'établit, le vin se répartit successivement dans toute la masse aqueuse, de façon à ce que chaque parcelle du mélange possède au bout d'un certain temps une composition nouvelle, uniforme en tous les points du vase. C'est là un exemple de diffusion sans interposition de membrane. On ne peut pas objecter que

(1) Diffusion, du latin *dif-fundere,* se répandre en tous sens.

ce mélange est dû à l'action de la pesanteur puisque le vin, liquide plus léger que l'eau, n'a pas naturellement une tendance à descendre au fond du vase, comme le ferait un liquide plus dense que l'eau et susceptible de se dissoudre dans cette menstrue.

On produit d'une façon plus saisissante le phénomène de la diffusion, apparemment à l'encontre des lois de la pesanteur, en faisant arriver délicatement, au fond d'une éprouvette en verre, remplie d'eau, colorée en bleu par le tournesol, un liquide acide dont la densité est supérieure à l'unité. Cette petite quantité d'acide semble d'abord rester immobile au fond du vase, dans la position relative que lui assigne par rapport à l'eau son poids spécifique supérieur : l'acide ne trahit d'abord sa présence que par le virement du bleu au rouge qui se manifeste dans la tranche d'eau la plus voisine. Mais peu à peu l'acide se mélange à toute la masse, de proche en proche ; cette diffusion vers tous les points du vase est rendue sensible à l'œil par le virement graduel de tout le liquide au rouge. A ce moment le liquide présente à nouveau une composition parfaitement homogène, une coloration identique et un degré d'acidité égal dans tous les points de la masse.

La tranche de citron qui aromatise la tasse de thé des Russes ou le *mai-trank* des Allemands nous offre un spécimen de la diffusion à travers une membrane. Tenez cette tranche entre les doigts : rien n'en sort. Posez-là légèrement à la surface du liquide et immédiatement s'établira, à travers la membrane de contact, un courant qui transporte au dehors de la tranche la solution acide et relativement dense du jus de citron, laquelle forme d'abord un filet dans la masse aqueuse, vu la vitesse de l'écoulement, et qui se répartit bientôt dans tous les points du liquide inférieur. En même temps, se manifeste de l'eau vers l'intérieur de la tranche, au travers de la membrane, un contre-courant diffuseur qui a pour effet d'abaisser graduellement le poids spécifique de la solution restée dans la pulpe du citron : ces deux courants inverses et simultanés fonctionnent jusqu'au moment où l'homogénéïté s'est établie entre le liquide de l'extérieur et celui de l'intérieur.

Maintenant que nous avons esquissé l'apparence physique du phénomène de diffusion, nous approfondirons cette notion en examinant son essence même, c'est-à-dire les mouvements moléculaires qui lui donnent naissance.

Dans les études suivantes, qui visent l'application industrielle de la notion de la diffusion, nous ne nous occuperons pas de la diffusion des corps gazeux. Nous passerons successivement en revue, en ce qui concerne la diffusion des liquides :

1. L'attraction des molécules.
2. La dilatation des membranes.
3. La perméabilité des membranes.

Nous terminerons par quelques considérations sur les propriétés spéciales des molécules en diffusion et sur l'influence de la température dans les phénomènes de diffusion.

Notons d'abord que, jusqu'ici, l'on a désigné plus spécialement par le nom d'*osmose* la diffusion par interposition de membranes, tandis que le nom de *diffusion* était réservé pour désigner les phénomènes qui prennent naissance au contact immédiat des liquides de nature différente.

Chaque molécule d'un liquide occupe un espace déterminé; elle exerce sur les molécules voisines une certaine attraction. La *force d'attraction* détermine l'*état actuel* de la matière.

Dans la matière à l'*état solide*, la cohésion des molécules, résultat de cette attraction, est tellement grande, que la situation respective des molécules n'est pas influencée par les lois de la pesanteur. Dans la matière liquide, la cohésion est plus faible, la pesanteur l'emporte, et sollicite les molécules à se séparer et à s'éparpiller. De là leur extrême mobilité.

Dans les corps gazeux, la cohésion est nulle, et les molécules se disperseraient dans l'espace, si l'attraction de la terre et la réfrigération n'y mettaient obstacle.

Les molécules de nature différente peuvent, à leur tour, par un effet d'attraction, donner lieu à différents états d'agrégation, de groupements moléculaires, faciliter le rapprochement et indirectement l'échange des atômes dont l'affinité produit dans ce cas des composés nouveaux. En vertu de cette force, les molécules liquides ou gazeuses peuvent être fixées par des molécules solides, et perdre leurs propriétés de fluides. Réciproquement, les liquides peuvent s'assimiler des molécules solides ou gazeuses, qui perdent dès lors leurs qualités distinctives, de manière à former un mélange physiquement homogène. Le liquide devient par là une *solution*.

On conçoit maintenant que, dans une solution, il puisse exister simultanément :

1° Attraction entre les molécules du dissolvant.

2° Attraction entre les molécules des matières dissoutes.

3° Attraction entre les molécules du dissolvant et celles des matières dissoutes.

Ces effets d'attraction sont facilités ou entravés par l'état de repos, d'agitation, de température, etc. de la solution. En général, on pourra obtenir un dépôt, c'est-à-dire une ou plusieurs couches superposées de différentes espèces de molécules, un groupement symétrique des molécules dans un espace proportionné à leur masse, jusqu'à ce que des affinités nouvelles viennent détruire cet état d'*équilibre* et provoquer des phénomènes nouveaux qui engendrent des déplacements moléculaires. Lorsque l'on plonge dans l'eau une membrane sèche (par exemple une vessie), elle absorbe rapidement plusieurs fois son poids d'eau. Cette eau fait dès lors partie intégrante de la membrane : la pression mécanique est impuissante à l'en séparer. Indépendamment de la texture intime de la membrane, nous pouvons la considérer ici comme une juxtaposition de molécules identiques réunies par la force d'attraction. Au contact de l'humidité, la puissance attractive de chaque molécule se porte sur des molécules d'eau, en sorte que chaque molécule de la membrane se trouve enduite d'une couche d'eau. L'espace réclamé par ces innombrables couches d'eau produit le déplacement des molécules de la membrane. Celles-ci abandonnent leur position initiale, et l'ensemble augmente de volume avec une énergie capable de vaincre une résistance considérable. La séparation de l'eau ainsi absorbée, appelée aussi eau d'imbibition, ne peut être obtenue qu'en faisant passer l'eau à l'état de vapeur.

Une membrane imbibée d'eau est pour ainsi dire *saturée* d'humidité. En cet état elle peut servir de récipient aux liquides, la membrane se trouvant en quelque sorte hermétiquement fermée par l'eau d'absorption. Si l'eau arrive au contact de la membrane imbibée, sous une certaine pression, elle opère insensiblement le déplacement de l'eau d'imbibition; pourvu que la pression dépasse la différence de puissance attractive qu'exerce la membrane sur l'eau déjà absorbée et celle qui se trouve à sa portée immédiate, la première est évacuée et remplacée par la seconde. Dans ce sens, on peut dire que les membranes sont perméables aux liquides. C'est ainsi qu'on pourra les utiliser à la filtration des liquides, etc.

Si l'on place de chaque côté de la membrane un liquide différent dont les molécules exercent une attraction réciproque, il y aura passage des molécules attirées à travers la membrane, du moment que les forces mises en jeu sont en état de vaincre la résistance à la pénétration des liquides de la membrane.

Les molécules de substances de nature différente, non gazeuses, ont des dimensions variables.

Représentons-nous de nouveau une membrane séparant deux liquides de nature différente. Si les molécules du premier liquide sont plus petites que les couches d'eau entourant chaque molécule de la membrane, elles pourront rejoindre les molécules du second liquide qui exercent sur elles une attraction suffisante. Mais si les molécules sont plus volumineuses que les couches d'eau séparant les molécules de la membrane, elles viendront tapisser la membrane sans pouvoir la traverser : de l'autre côté les molécules d'eau, subissant, à leur tour, l'attraction des molécules trop grandes, déplaceront l'eau d'imbibition pour rejoindre ces molécules.

De là, des courants réciproques des deux liquides traversant la membrane et prenant une direction opposée.

Certaines substances traversent aisément la membrane, d'autres moins aisément, d'autres encore ne peuvent la traverser. Les premières sont éminemment diffusibles; les secondes, diffusibles ou peu diffusibles; les dernières, non diffusibles. Dans la première catégorie se rangent, en général, les substances, dites cristalloïdes, c'est-à-dire susceptibles de cristalliser, tels sont les sucres, les sels, etc. Dans la seconde catégorie se trouvent les corps, dits colloïdes, tels que l'albumine, la gomme, corps amorphes, prenant en solution une nature plus ou moins collante ou visqueuse. De là, un moyen facile de séparer des corps appartenant à des catégories différentes.

Parmi les corps de la première classe les uns, avons-nous dit, traversent plus aisément la membrane que ne le font les autres : cette propriété est mise à profit pour séparer plus ou moins complètement des substances appartenant à une même catégorie.

La température exerce une influence considérable sur l'intensité des attractions et partant, sur la diffusibilité des corps. On constate expérimentalement que tout phénomène de diffusion est arrêté par un abaissement suffisant de la température : on observe un résultat inverse lorsque la température va en croissant. La diffusibilité augmente alors, en même temps que l'énergie des attractions, jusqu'à une certaine limite à laquelle l'intensité du phénomène décline rapidement. L'étude des phénomènes naturels offre de nombreux exemples de la rupture subite d'une loi géométrique, par le fait de modifications qui se produisent, à un moment donné, dans la structure moléculaire des corps, dans leur état ou leurs propriétés physiques, etc.; c'est ainsi qu'on observe fréquemment des points d'arrêt ou des arêtes de rebroussement dans les diagrammes ou tracés graphiques représentant la loi de la solubilité ou de la fusibilité de diverses substances, etc.

La température la plus favorable à la diffusion parait varier avec la nature des corps. Si l'on plonge dans l'eau un tissu végétal imprégné d'une matière colorante on observera, par exemple, souvent qu'à des températures inférieures certaines substances minérales, partie intégrante de la matière fixée au tissu, sont enlevées tandis que le principe colorant proprement dit ne diffuse qu'à des températures plus élevées.

Équivalent endosmotique.

Il n'est pas déplacé d'expliquer ici ce qu'on entend par *équivalent endosmotique*, terme admis dans la science pour exprimer l'intensité de la diffusion des diverses substances en solution. Pour comparer entr'elles ces substances au point de vue de la force avec laquelle elles sont susceptibles de pénétrer et de traverser les membranes, il est évident qu'il faut les essayer à une même température et, en général, les placer dans toutes conditions identiques. Dans ce but, on rapportera tous les essais à un même liquide, l'eau, par exemple. La membrane sera aussi la même dans toutes les expériences.

Aussi longtemps que la concentration du liquide à osmoser reste sensiblement la même et que la proportion de substance dissoute qui a passé dans l'eau extérieure à la membrane est plus élevée, il y a un rapport constant entre le poids de l'eau qui pénètre vers la solution et le poids de la substance dissoute qui traverse la membrane pour aller à l'eau.

On a appelé *équivalent endosmotique* d'un corps la quantité d'eau qui se substitue par voie d'osmose à un gramme de cette substance.

Dans les membranes animales, l'équivalent endosmotique est le plus souvent supérieur à l'unité, c'est-à-dire qu'il passe plus d'eau qu'il ne s'enlève de substance dissoute. Parfois aussi, c'est l'inverse que l'on constate. Dans le premier cas, l'osmose est dite *positive*, dans le second cas elle est *négative*.

La vitesse de l'échange reste constante lorsqu'il y a permanence des conditions initiales de température, de concentration pour la solution à osmoser, de pureté pour l'eau. Pour la plupart des solutions des corps dont l'osmose est positive, l'équivalent endosmotique augmente de valeur avec le degré de concentration : il diminue dans le cas d'osmose négative. Il varie aussi avec la nature chimique des substances.

Les vitesses de diffusion des différents corps à travers des membranes sont indépendantes des rapports qui existent entre leurs équivalents endosmotiques ; mais elles sont en relation avec la solubilité du corps considéré et avec sa composition chimique. La vitesse de diffusion augmente en même temps que la solubilité des corps ; des substances voisines sous le rapport chimique possèdent des vitesses de diffusion peu différentes les unes des autres. En outre, le degré de concentration de la liqueur a une influence marquée, la vitesse de diffusion augmentant plus rapidement que la proportion de matière ne croît.

Dans la diffusion qui s'opère entre l'eau et une solution saline, plus celle-ci est concentrée, plus rapide est l'osmose ; il y a accélération des vitesses des deux courants, proportionnelle en quelque sorte, au degré de concentration de la solution saline. On note néanmoins que l'accélération du courant aqueux est plus forte que celle du courant salin vers l'eau. On en conclut que, plus une solution est concentrée, plus la proportion d'eau qui dans un temps donné traverse nne cloison poreuse pour se mêler au sel est considérable. Ainsi s'explique le fait indiqué plus haut, à savoir que l'équivalent endosmotique croît avec la concentration de la liqueur.

Les phénomènes osmotiques suivent encore la même loi lorsqu'ils s'exercent, non plus entre l'eau pure et une solution, mais bien entre deux solutions différentes. Il y a toujours à considérer comme facteurs la composition chimique et le degré de concentration des solutions. Ce dernier facteur seul entre en ligne de compte dans le cas où les deux faces de la membrane sont baignées par deux liquides de nature identique, mais présentant des degrés de concentration différents.

Dans ce cas, la proportion de substance dissoute diminue dans la liqueur la plus concentrée, pendant qu'elle augmente dans la solution la plus étendue; en même temps, il se produit un changement de volume, comme cela a lieu quand l'échange s'effectue entre une solution saline et l'eau pure, mais la variation de volume est moins rapide avec deux solutions.

Si l'on maintient constant le degré de concentration de chacune des liqueurs, l'échange qui s'opère à travers la cloison poreuse entre les principes constituants de ces solutions ne varie pas non plus : chaque unité de poids de sel qui, dans un temps donné, passe de l'une des solutions dans l'autre est remplacée par une quantité déterminée d'eau, et le rapport des quantités considérables d'eau et de sel qui se substituent ainsi l'une à l'autre est à peu près le même que si l'osmose avait lieu entre la solution la plus concentrée et l'eau pure; dans ces conditions, l'équivalent endosmotique reste donc sensiblement constant. D'autre part, la vitesse avec laquelle s'opère la diffusion croît en raison inverse de la différence qui existe entre les degrés de concentratien des deux solutions en présence.

Lorsqu'on soumet à la diffusion deux solutions renfermant des substances de nature chimique différente, l'échange entre les principes dissous s'effectue d'autant plus rapidement que ces substances ont une plus grande affinité chimique l'une pour l'autre. Ainsi, la vitesse des courants est plus grande entre une solution acide et une solution alcaline qu'entre deux solutions acides, ou qu'entre deux solutions salines neutres. En outre, l'un des courants devient de plus en plus prédominant, à mesure qu'on opère sur des corps dont les affinités réciproques sont plus intenses : quand on met, par exemple, en présence un acide et un alcali, l'acide se porte vers l'alcali et le contre-courant fait entièrement défaut.

Diffusion dans le cas de solutions complexes. Dialyse.

Les considérations que nous venons de résumer ont trait surtout au cas où l'on envisage la diffusion de solutions purement salines : la membrane poreuse joue ici le rôle de tamis, laissant traverser, suivant certaines lois, l'eau vers les sels et les sels vers l'eau.

Or, ces lois se trouvent sensiblement modifiées lorsque le liquide salin renferme en même temps en dissolution des substances *colloïdes*, telles que la gomme ou l'albumine. Ce cas est celui dont se rapprochent les applications manufacturières des lois de la diffusion, soit à l'extraction des sucs de la betterave, soit à l'extraction du sucre des sirops ou mélasses.

Les substances colloïdes attirent l'eau, de sorte que leur coëfficient endosmotique est élevé. Il paraît compris entre celui des alcalis et celui des sels ; mais l'un et l'autre courant ont dans ce cas une vitesse très-faible.

Les matières albumineuses dissoutes ont plus d'affinité osmotique pour les solutions salines que pour l'eau pure, et le courant de diffusion augmente assez rapidement avec la concentration de la solution saline. Cependant, si la proportion de sel dissous est excessive, l'échange est ralenti en ce sens que la solution saline n'enlève à l'albumine que de l'eau.

La séparation des substances colloïdes d'avec les substances cristalloïdes peut s'effectuer en mettant en jeu la force de diffusion.

C'est à Graham qu'on doit cette découverte, à laquelle il a donné le nom de dialyse. L'expérience type de Graham consistait à placer dans un bain d'eau pure un cylindre en verre fermé au bas par une membrane poreuse, d'origine végétale ; dans le cylindre se trouvait contenue une solution de sucre et de gomme. Le tamis végétal, au travers duquel s'effectuait la dialyse lorsqu'on plongeait le cylindre dans l'eau, était constitué par du papier non collé, rendu imputrescible et résistant par une trempe dans de l'acide sulfurique.

Graham remarqua qu'aucune trace de colloïde ne traversait la membrane au début : le sucre seul diffusant vers l'eau pure et celle-ci traversant en sens inverse le parchemin. Il déduisit de là la méthode pour extraire, par voie d'osmose, des sels ou autres substances cristalloïdes tenues en solution en présence de substances colloïdes.

Le phénomène de dialyse se complique dans un cas qui se présente fréquemment lors des applications industrielles : c'est lorsque la substance cristalloïde mêlée au colloïde forme, en arrivant de l'autre côté de la membrane, une solution pour laquelle la matière colloïde possède une affinité endosmotique considérable. Ainsi, un mélange d'albumine et de chlorure de sodium (sel marin), placé dans l'appareil dialyseur, ne laisse passer au commencement que des molécules salines; mais la solution de sel marin qui se forme de la sorte dans le bain extérieur attire ensuite l'albumine avec une grande énergie. Pour éviter cet inconvénient, il faut renouveler fréquemment l'eau distillée dans laquelle plonge le dialyseur.

La gomme possède une diffusibilité très minime. Les solutions de gélatine et de pectine donnent le double courant, même à travers des membranes animales.

On constate une intensité toute particulière dans le phénomène de dialyse au début de l'opération, alors que la membrane n'est pas encore imbibée; le gonflement de la membrane diminue un peu sa perméabilité pour l'eau et l'augmente, au contraire, pour les sels.

Nous extrayons des mémoires de Graham le tableau ci-après, montrant dans quelles limites la diffusibilité des liquides peut se trouver accrue par l'élévation de la température. La diffusibilité de

l'acide chlorhydrique	à 15°55	étant	1
s'élève	à 26°66	à	1.35
. . . .	à 37°77	à	1.77
	à 48°88	à	2.18

La solution était à 2 p. % d'acide.

Voici, d'autre part, quelques données groupées par le même auteur au sujet de la diffusibilité de diverses substances habituellement contenues dans les jus de betteraves ou les sirops qui en proviennent. La dialyse était pratiquée pendant 24 heures sur des solutions au dixième, à la température de 10 à 15°.

SUBSTANCES ESSAYÉES.	DIFFUSION		ENDOSMOSE	
	en grammes	proportionnelle	en grammes d'eau	proportionnelle
Sel marin	7.5	1.00	19	1.0
Sucre	1.6	0.21	15	0.8
Glucose.	2.0	0.26	17	0.9
Gomme arabique .	0.03	0.004	5	0.26

Le sucre, d'après Graham, diffuse 7 fois moins vite que l'acide chlorhydrique; l'albumine 40 fois moins vite.

Remarquons, en terminant ce chapitre, que, dans le langage usuel, on emploie à titre de synonymes les mots de diffusion, de dialyse et d'osmose. Nous avons vu dans quel sens spécial Graham se servait du mot dialyse, visant la séparation des cristalloïdes d'avec les colloïdes. Dans l'industrie, la dialyse des liquides sucrés denses, sirops ou mélasse, prend le nom d'osmose. Enfin, dans le langage manufacturier, on appelle diffusion l'osmose des jus sucrés de la betterave pratiquée à travers le tissu même de la plante découpée, ce tissu tenant lieu du parchemin végétal usité dans le procédé de l'osmose.

Il nous reste à appliquer les notions théoriques exposées jusqu'ici à l'extraction des sucs de la betterave, telle qu'elle est pratiquée manufacturièrement.

Cette opération est de nature complexe, vu la composition très variable des sucs qu'il s'agit d'extraire et vu la disposition physique des cellules dont l'agglomération constitue le tissu de la plante.

Considérons, pour un moment, les liquides contenus dans ces cellules comme exclusivement formés d'eau et de sucre. Dans une solution de cette nature, il y a symétrie complète dans la disposition des molécules, il y a homogénéité physique ; il n'y a ni plus ni moins de molécules de sucre et de molécules d'eau à tel point du liquide qu'à tel autre. De plus, les molécules de sucre exercent des effets d'attraction sur les molécules d'eau et réciproquement : de même, dans chacune de ces deux catégories de molécules, il existe des attractions réciproques. Toutes les molécules se trouvent ainsi retenues dans leurs situations respectives, tant que l'équilibre des forces attractives n'est pas détruit.

Transportons une cellule remplie de cette solution dans une quantité d'eau déterminée. Aux attractions antérieurement existantes dans la solution, viennent s'ajouter les attractions des molécules d'eau extérieures à la cellule. Du moment où les forces attractives deviennent supérieures à la résistance de la membrane cellulaire (voir plus haut), des molécules de sucre passent à travers la cellule. Ces forces attractives de l'eau extérieure sur les molécules de sucre s'exercent jusqu'au moment où elles se trouvent équilibrées par les forces correspondantes des molécules d'eau à l'intérieur de la cellule. En ce moment, les molécules d'eau et les molécules de sucre se trouvent dans un rapport identique à l'intérieur et à l'extérieur, en d'autres termes, la composition des deux liquides est la même.

Tandis que les molécules d'eau à l'extérieur ont déterminé l'exode des molécules de sucre, celles-ci, à leur tour, par un effet analogue, ont attiré des molécules d'eau à l'intérieur des cellules : un courant double, mais inverse, s'est établi : un courant d'*endosmose* et un courant d'*exosmose*.

Ces courants, qui ont pris naissance par la destruction de l'équilibre des attractions, s'arrêtent lorsque l'échange des molécules a ramené un nouvel état d'équilibre.

Si l'on remplace la première eau par une nouvelle quantité d'eau pure, une série de phénomènes analogues se succéderont jusqu'à ce que toutes les molécules de sucre soient sorties de la cellule et enlevées par des eaux nouvelles.

Le déplacement des molécules, en dehors de toute

impulsion mécanique, voilà ce qui caractérise le phénomène de la diffusion.

Jusqu'ici nous n'avons considéré que la cellule isolée : nous pouvons maintenant concevoir ce qui se passerait dans un amas de cellules superposées : seules, les cellules au contact immédiat de l'eau éprouvent d'abord les phénomènes dont nous venons de parler, les liquides qu'elles contiennent sont modifiés, deviennent plus aqueux. Ces liquides, à leur tour, déterminent sur les cellules voisines des phénomènes analogues : le sucre des cellules intérieures passe dans les cellules extérieures. On conçoit donc qu'il lui faudra un temps plus considérable pour arriver dans l'eau que n'en exige le sucre des cellules extérieures.

Ces phénomènes de diffusion ont trouvé une application des plus heureuse et des plus importante dans l'extraction du sucre renfermé dans le tissu des plantes.

On commence par diviser la plante en lanières fines et longues, afin de faciliter le contact intime des cellules et de l'eau, tout en lacérant le moins de cellules possible.

On élève la température de l'eau mise au contact de ces lanières (lamelles, cossettes, *schnitzels*) de manière à détruire les fonctions vitales des cellules. On renouvelle le contact des cossettes avec des liquides jusqu'à ce que les liquides épuisants n'enlèvent plus aucune quantité appréciable de sucre.

Lorsque l'opération est réglée méthodiquement, l'eau arrive au contact de schnitzels déjà épuisées dans une certaine mesure, elle se charge ainsi d'une minime quantité de sucre et passe sur des cossettes moins épuisées; finalement, elle traverse des lamelles fraîchement découpées, après avoir rencontré des matières de plus en plus riches en sucre, réparties dans une série de vases appelés *diffuseurs*. Le nombre des diffuseurs varie de huit à seize, suivant le mode de travail adopté et les circonstances fiscales.

En Autriche, par exemple, le mode de législation en vigueur est un obstacle insurmontable, au point de vue économique, à une extraction minutieuse.

En Allemagne, au contraire, le fabricant trouve dans le mode d'impôt un stimulant des plus énergique à poursuivre le but théorique, l'extraction intégrale du sucre renfermé dans la betterave.

Dans ce dernier pays, en effet, l'impôt est mis sur la matière première, la betterave : l'industriel a, dès lors, tout intérêt à régler le travail d'extraction de façon à retirer de la plante la plus complète quantité possible de sucre, et il se préoccupe à un degré moindre de la durée nécessaire de cette opération. En Autriche, c'est la rapidité du travail qui fait sa valeur principale, l'industriel étant taxé par le fisc en raison de la capacité des vaisseaux-diffuseurs. L'impôt est de tant par jour et par hectolitre : il s'agit donc, avant tout, de faire passer, en vingt-quatre heures, par un vase donné la plus grande masse possible de schnitzels, sans s'inquiéter trop du sucre perdu dans la cossette par suite d'un épuisement rapide et forcément incomplet.

Dans d'autres pays encore, des considérations semblables exercent une influence décisive sur le mode de travail et partant sur les conditions économiques de l'industrie sucrière. De là, cette diversité d'outillage, de procédés et de manières d'exécuter des procédés semblables.

CHAPITRE DEUXIÈME.

Le procédé de la diffusion.

Le système de fabrication dans lequel on vise à extraire le sucre de la betterave en mettant en jeu le phénomène de la diffusion comprend essentiellement les opérations suivantes :

Le découpage de la racine en cossettes.

L'épuisement des cossettes par voie d'osmose.

L'égouttage des cossettes épuisées.

La première de ces manipulations s'effectue à l'aide d'un coupe-racine puissant et rapide, qui débite la betterave en petites lanières, rubans, ou *schnitzells ;* on vise autant que possible à trancher net le tissu de la plante, afin d'ouvrir le moins de cellules possible et à ne point produire de pulpe menue que le lessivage pourrait entraîner. Dans le râpage ordinaire, préliminaire à la pression hydraulique, on s'efforce, au contraire, de déchirer complètement les fibres contenant la solution sucrée ; la compression seule des racines peu ou mal râpées serait impuissante à procurer l'élimination des sucs végétaux, but de l'opération.

L'extraction du jus sucré renfermé dans les cossettes s'effectue au moyen de l'eau. A cet effet, les lanières dans lesquelles le coupe-racine a débité les betteraves sont accumulées dans des vaisseaux analogues à ceux du procédé de macération, dont nous avons esquissé l'outillage au début de ce travail. On pratique le lessivage méthodique des cossettes réparties dans une série de ces vaisseaux jointifs : le contact de l'eau à l'extérieur des cossettes détermine dans celles-ci un courant diffuseur. Le tissu des lanières sert de diaphragme ou de membrane poreuse : l'eau y pénètre et vient diluer la solution qui s'y trouve contenue. En même temps se produit un courant d'exosmose qui emmène vers l'eau extérieure les substances dissoutes dans le suc de la plante, à savoir, le sucre et les sels, et, dans une proportion très-restreinte, les matières végétales solubles. Cette solution de sucre et de sels se tamise de proche en proche, de cellule en cellule, depuis l'intérieur des tranches jusqu'à sa paroi baignée par l'eau pure.

L'eau se charge donc de matières solides à mesure qu'elle avance de vaisseau en vaisseau; et l'osmose qui se pratiquait au début entre de l'eau pure, extérieure aux cossettes, et la solution sucrée renfermée dans les cellules des cossettes, a lieu, aux vases ultérieurs, par le contact de solutions de plus en plus chargées : le changement dans les conditions du phénomène modifie profondément les résultats de cette osmose, d'un vaisseau à l'autre, ainsi que l'indique d'ailleurs nettement le contrôle chimique de l'opération.

Comme on le comprend aisément, sous ces actions dialytiques, le jus extérieur, interposé entre les cossettes, représente une solution composée presque exclusivement de cristalloïdes. Il arrive, à la suite d'une concentration graduelle, aux vaisseaux de défécation, présentant une limpidité parfaite, et ne renfermant ni pulpe folle ni, pour ainsi dire, de substances végétales albumineuses ; or, on sait que ces deux éléments vicient les jus de betteraves. Ils sont les principaux facteurs de la production en mélasse et ils enrayent puissamment la cristallisation des sirops sucrés.

La diffusion produit un épuisement à peu près complet des cossettes : on obtient en solution, par ce mode, la plus grande partie du sucre contenu dans le tissu de la betterave.

La cossette épuisée par le travail de diffusion est extraite des vaisseaux-diffuseurs et constitue un aliment de haute valeur pour le bétail. Avant de la livrer à la ferme, on lui fait subir un égouttage artificiel dans une presse énergique.

Description de l'outillage.

Considéré au point de vue purement mécanique, l'outillage du système de diffusion consiste essentiellement dans les appareils suivants :

I. Un coupe-racine ou *schnitzel-maschine*.

II. Une série de vaisseaux où se travaillent les lamelles produites par le découpeur et qui s'appelle la *batterie de diffusion*.

III. Une presse à pulpe.

I. COUPE-RACINE.

Le premier de ces appareils peut être considéré comme un perfectionnement du coupe-racine bien connu de nos exploitations agricoles. Sa construction et l'idée sommaire qui préside à son agencement le rapprochent, en effet, beaucoup de ce découpeur de betteraves rudimentaire, à couteaux disposés sur un plateau circulaire animé d'un mouvement de rotation et pourvu de lumières pour le dégagement des racines débitées en tranches. Seulement, le coupe-racine de diffusion porte ses couteaux montés sur un plateau qui se meut dans un plan horizontal, avec une très grande vitesse, et qui possède des lumières très étroites pour le dégorgement des minces rubans dans lesquels il découpe la betterave.

Nous avons tenu à signaler cette analogie sommaire entre les deux machines afin d'être aisément compris, dès l'abord, par cette classe nombreuse de personnes familières avec l'outillage d'une exploitation agricole et qui ne perçoivent que lentement les descriptions techniques de l'outillage industriel lorsqu'elles n'en ont pas eu sous les yeux un spécimen tout monté, en activité. Les dessins dont nous avons agrémenté notre description serviront, d'ailleurs, à la compléter de manière à faire toucher du doigt les analogies comme les dissemblances présentées par le type élémentaire du coupe-racine de nos fermes et le type hautement perfectionné de l'industrie, auquel est réservé une fonction si laborieuse et si délicate à la fois.

Le coupe-racine de diffusion est un appareil qui

COUPE-RACINE

ET NOCHÈRE DE CHARGEMENT.

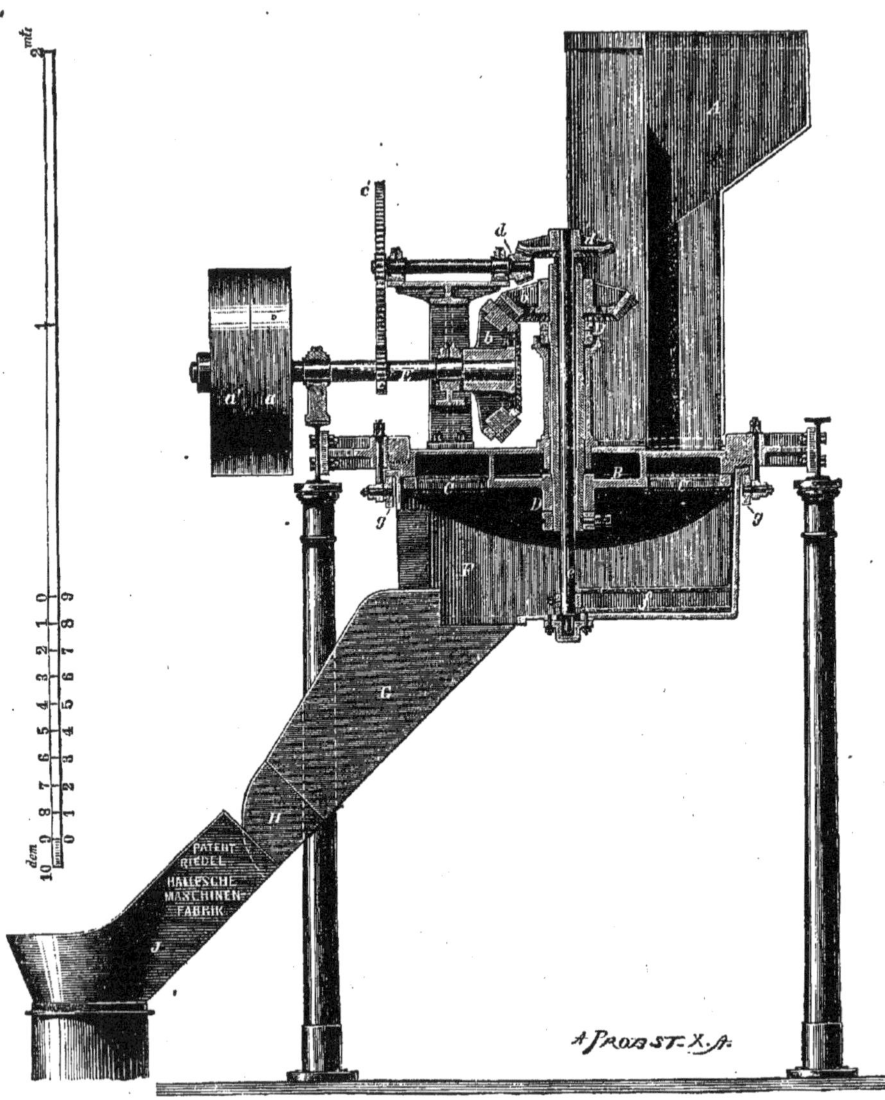

Fig. 1.

se développe en hauteur, autour d'un arbre vertical qui en occupe la partie centrale et qui donne le mouvement au plateau des couteaux. Ce plateau constitue lui-même la fermeture ou la base de la trémie où s'entassent les betteraves lavées : un plateau à claire voie sépare seul les racines de la surface portant les couteaux. Il est important, pour assurer le bon fonctionnement et la conservation de ceux-ci, que la trémie soit constamment chargée. La fig. 1 (page 52) montre la disposition la plus ordinaire des organes dans la machine à découper la betterave en *schnitzels*. Cet arrangement est celui de la maison de construction Riedel, à Halle-sur-Saale (Allemagne).

COUPE-RACINE.

—

LÉGENDE.

A Entonnoir où tombent les betteraves lavées.
B Disque portant les couteaux.
C C Boîtes à couteaux, vissées sur le plateau *B*.
D Manchon embrassant l'arbre vertical *e*.
E Arbre horizontal, transmettant le mouvement, par l'engrenage conique *b*, *b'*, au manchon *D* solidaire avec le plateau *B*.
F Tambour cylindrique où tombe le produit du découpage.
G H Conduite en tôle légère dégorgeant les lamelles accumulées en *F*.
J Entonnoir qui se pose sur l'ouverture du diffuseur.

L'arbre horizontal moteur peut être placé soit au-dessous du plateau, soit au-dessus, ainsi que cela a lieu pour activer les meules des moulins à farine. Dans le dessin ci-joint, il est au-dessus. Souvent l'arbre vertical portant le disque à couteaux sert lui-même de manchon à un second arbre vertical, ainsi que le montre la fig. 1.

La puissance motrice s'exerce, par courroie, à la poulie *a a'*. On peut à volonté, par un embrayage *ad hoc*, communiquer le mouvement soit au plateau des couteaux (arbre *E* — engrenage *b*, *b'* — manchon *D*) soit simplement à l'arbre vertical *e*, qui tourne à l'intérieur du manchon, à vide (arbre *E* — engrenage vertical *c'* — engrenage *d*, *d'*).

Dans ce dernier cas, le découpage cesse et la râclette horizontale *f*, fixée sur l'arbre intérieur, se meut seule, en entraînant les lamelles vers la rigole *G*.

Les boîtes à couteaux sont mobiles et d'un enlèvement aisé. On les fixe au moyen de vis dans des compartiments pratiqués *ad hoc* sur les porte-couteaux.

Les *schnitzells*, emmagasinées sous le disque portant les couteaux, sont entraînées vers la trémie de vidange *G* par l'effet de la râclette *f*, fixée sur l'arbre vertical. La trémie les conduit au trou d'homme de chaque vaisseau diffuseur, successivement : à cet effet, le système est rendu mobile dans le sens d'une rotation horizontale.

L'arbre moteur fait environ 200 révolutions par minute. Il doit offrir un montage parfait : si l'arbre vient, en effet, à dévier un peu de la verticale, cela détermine l'usure du plateau portant les couteaux, usure qui se manifeste vers l'extérieur du cercle. Dans certains cas, cette usure devient telle que le plateau finit par laisser passage à des queues de betteraves qui enrayent la marche de l'appareil et peuvent aussi contrarier le travail.

Les couteaux, leur entretien et leur montage, doivent être l'objet de soins constants et vigilants : c'est, en effet, d'un découpage soigné que dépend, en grande partie, le succès de l'opération. La section de la betterave doit être nette, régulière, sans déchirures, d'une épaisseur convenable.

Une section indécise amène la déchirure des cellules et donne par là du *jus de dissolution* au lieu de donner du *jus de diffusion* : or, le principal avantage de la méthode réside dans ce fait qu'en se bornant à épuiser la cossette par voie d'osmose, on n'entraîne pas dans le jus extrait les matières impures qui s'accumulent, au contraire, dans le produit du lessivage des cellules ouvertes, des cellules déchirées par le râpage. Là où l'on a constaté la fermentation dans les usines de diffusion, phénomène assez rare d'ailleurs, la cause habituelle a été le plus souvent le mauvais état des couteaux et le déchirement qu'on faisait subir au tissu de la plante au lieu de la débiter par une section rapide et nette.

On dispose généralement les couteaux et l'on règle la rotation du coupe-racine de façon à ce que les lamelles, produit du découpage, présentent une épaisseur de un à deux millimètres et une largeur atteignant de cinq à vingt millimètres. La longueur de la cossette varie beaucoup : elle dépend, cela se conçoit, de la position qu'occupait la betterave au moment où elle a subi l'action du couteau. Il n'y a pas lieu de se préoccuper de cette dernière dimension, du moment que la longueur de la cossette n'est pas obtenue au détriment de la régularité et de la constance des autres dimensions, surtout de l'épaisseur.

Cette épaisseur ne peut, sans préjudice pour le travail, s'écarter sensiblement des limites que nous venons d'indiquer : si l'on exagère l'épaisseur, le jus sortira trop lentement, la diffusion s'effectuant, comme on sait, de cellule à cellule, depuis le cœur de la cossette jusqu'à la surface extérieure, et le nombre de ces échanges de proche en proche croissant considérablement avec l'épaisseur de tranche. On risque, dans ce cas, de devoir travailler très lentement si l'on veut atteindre à un épuisement complet des schnitzells ; ou bien de laisser du sucre immobilisé dans le résidu, si l'on vise à travailler rapidement, ce qui est à conseiller.

Dans une cossette mince, on a un autre écueil à éviter. La diffusion est rapide, parce qu'elle n'est, pour une bonne part, qu'une dissolution. En effet, il y a un nombre infiniment plus grand de cellules découpées, prêtes à laisser lessiver leur jus, dans un diffuseur rempli de schnitzells trop minces que dans celui où l'on a entassé des lamelles d'épaisseur convenable. Nous avons signalé déjà l'inconvénient de ce traitement.

Dans les premières publications de M. Robert, inventeur du procédé de diffusion, les dimensions conseillées étaient, en moyenne : 1 sur 12 sur 100 millimètres.

M. l'ingénieur de l'Escaille (1), citant ces dimensions, établit par un calcul simple la part d'influence

(1) « J'admettrai que les deux grandes faces d'une tranche, ainsi que trois faces latérales (normales aux deux grandes), renferment des cellules coupées. Ce n'est pas tout à fait exact, car la troisième face est coupée en biseau, mais la différence qui en résulte est trop minime pour que je doive en tenir compte. Il existe une sixième face recouverte par l'écorce; ses cellules ne sont pas coupées.

La surface des cinq faces d'une tranche se répartit comme suit :

$100 \times 12 \times 2 = 2400$ millim. carrés, surface des deux grandes faces.

$100 \times 1 \times 2 = 200$ millim. carrés, surface des deux faces latérales.

$12 \times 1 = 12$ millim. carrés, surface de la petite face latérale.

2612 millim. carrés, surface totale de la partie de tranche ayant des cellules coupées.

Le volume d'une tranche est $100 \times 12 \times 1 = 1200$ millimètres cubes.

La betterave contient 250 cellules par millimètre cube, ce qui en fait environ 42 par millimètre carré.

Une tranche présente donc $2612 \times 42 = 109.704$ cellules coupées mais comme ces cellules coupées sont communes à deux tranches, il s'en suit que chacune des deux contient $\frac{109704}{2} = 54.852$ cellules; dont le jus sort sans traverser de paroi.

Une tranche renferme $1200 \times 250 = 300.000$ cellules, dont il y en a de coupées 54.852

Restent celllules intactes. . . . 245.148

$\frac{245148}{54852} = 4{,}5$ cellules intactes pour une ouverture.

Si, au lieu de donner aux tranches une épaisseur de 1 millimètre on leur en donne une de deux millimètres, en conservant les autres dimensions, on trouve que les cellules intactes sont aux cellules coupées dans le rapport de 9 à 1.

Ces chiffres nous montrent :

1° Que les jus obtenus par ce procédé renfermeront moins de matières colloïdes que ceux obtenus par les autres procédés; 2° Que leur pureté augmente beaucoup avec l'épaisseur que l'on donne aux tranches.

Un second motif pour que la pureté du jus augmente avec l'épaisseur des tranches est le suivant : si l'on donne à une tranche une épaisseur de 1 millimètre, sur cet épaisseur il y aura 6 ou 7 cellules superposées. Admettons qu'il y en ait 7 et considérons celle du milieu qui est la quatrième : son jus pour sortir de la tranche devra traverser trois cellules.

La première cellule commence par céder son jus au liquide avec lequel elle est mise en contact; celui-ci au contraire lui cède de l'eau que peut avoir sur la qualité du jus de diffusion le nombre de cellules coupées, comparativement à celui des cellules intactes.

En général, il n'est pas à conseiller de laisser fonctionner plus de quatre jours un jeu de couteaux débitant en lamelles 100.000 kilogrammes de betteraves par jour. Dans les pays où les pierrailles et graviers arrivent au lavoir, englués dans l'argile accompagnant les betteraves, les couteaux sont vite abîmés : ils exigent un soin minutieux et un remplacement fréquent.

En vue d'assurer le fonctionnement convenable du coupe-racine lorsqu'on se trouve dans ces conditions spécialement défavorables, il ne faut négliger aucune des pratiques préventives recommandées pour atteindre au parfait nettoyage des racines, telles que l'emploi d'un double lavoir, d'un épierreur, d'une forte chûte d'eau, etc., et se ressouvenir

en place de ce qu'il reçoit, de sorte que dans la cellule, la densité du jus diminuant, il s'établit un échange entre la première et la deuxième cellule; leur richesse s'égalise au détriment de la seconde, dont le jus devient d'une densité moindre que celle de la troisième, avec laquelle commence alors le même commerce qu'entre la première et la seconde.

Un échange semblable s'établit entre la troisième et la quatrième cellule, dont le jus pour sortir de la tranche doit traverser la troisième, la seconde et la première cellule.

Or, les matières colloïdes ont un pouvoir diffusif bien plus faible que les cristalloïdes; il s'en suit que quand le sucre de la quatrième cellule sera sorti de la première, les matières colloïdes qui l'accompagnaient seront encore bien loin d'y arriver. Donc, les matières colloïdes diffusant très lentement pourraient sortir en partie des tranches, si elles n'avaient qu'une membrane à traverser; mais comme il y en a plusieurs d'interposées, il n'y aura que celles des cellules extrêmes qui pourront s'introduire en partie dans le jus. »

constamment de l'axiôme : mauvais couteau, mauvaise diffusion.

La dépense d'entretien des couteaux pour une usine faisant le travail de dix presses hydrauliques oscille de 300 à 400 francs par campagne.

II. BATTERIE DE DIFFUSION.

En sortant du coupe-racine, les lanières de betteraves sont dirigées vers la batterie de diffusion, consistant en un système de vaisseaux cylindriques en fonte dans lesquels se pratique l'extraction du jus. Dans ces vaisseaux, les lamelles entassées sont soumises à l'action de l'eau sous pression : le lessivage provoquant la diffusion du suc des lamelles s'effectue par de l'eau pure dans le premier vaisseau, tête de la batterie, puis par des eaux de plus en plus chargées dans les vaisseaux ultérieurs. Au point de vue de la densité respective des liquides servant à l'épuisement des lamelles et du degré plus ou moins élevé d'appauvrissement que présentent ces lamelles aux diverses périodes de la diffusion, c'est-à-dire, aux divers vaisseaux de la batterie, il y a analogie marquée entre le travail de la macération Dombasle ou Schutzenbach et le travail de diffusion.

C'est pourquoi, avant de décrire l'aménagement d'une batterie de diffusion nous prions le lecteur de se rapporter aux considérations émises, dans le chapitre qui sert d'introduction à cette étude, sur l'économie du travail dans ces méthodes similaires d'extraction des jus.

Les vaisseaux de la batterie de diffusion étaient jadis disposés en une seule batterie, ou en deux batteries formant système : dans ce mode, les vaisseaux étaient placés sur une ligne, ou sur deux lignes parallèles. Aujourd'hui, on n'emploie ou du moins on ne construit plus guères que des batteries simples, où les vaisseaux-diffuseurs sont réunis à la périphérie d'un cercle, ce qui économise l'espace nécessaire à l'aménagement du système.

Ces dernières batteries sont circulaires ou demi-circulaires. La disposition en demi-cercle, très-commode et élégante, permet, comme la disposition rectiligne, d'ajouter, par après, un ou plusieurs vaisseaux diffuseurs à la batterie primitive sans rien modifier dans le plan de celle-ci. Cette facilité présente l'avantage de permettre un travail plus important ou un épuisement plus approfondi.

1. *Batterie rectiligne, ancien système.* — Nous donnons (page 63), plutôt pour mémoire qu'à tout autre titre, le plan d'un atelier de diffusion à une seule batterie rectiligne, munie de deux réchauffeurs ouverts, externes à la batterie, telle qu'on la disposait communément dans le mode adopté originairement par Robert, le premier qui ait appliqué industriellement l'idée de la diffusion.

La légende de cette vignette fait comprendre la circulation des jus de betterave : on remarque que cette circulation est tout autre que dans le mode, introduit par le constructeur Riedel, de la batterie circulaire avec interposition de calorisateurs dans la série même (voir plus loin). Aussi, la batterie rectiligne n'est-elle plus adoptée nulle part dans les nouvelles installations, la disposition circulaire procurant un travail plus simple, plus rapide, plus régulier et partant meilleur.

BATTERIE ANCIENNE.

LÉGENDE.

VAISSEAUX.

D_1 D_2... D_7 *Vaissseaux* diffuseurs.
S_1 S_2 » réchauffeurs.

CONDUITES.

E *Conduite* amenant l'eau de la tour sur les diffuseurs.
G » emmenant les jus aux réchauffeurs ou à la défécation.
H » ramenant les jus des réchauffeurs aux diffuseurs.
K Z » faisant communiquer le dernier diffuseur avec le premier de manière à obtenir un circuit comcomplet, chaque diffuseur devenant à son tour tête de ligne.

SOUPAPES.

A *Soupape* posée sur le tuyau vertical qui communique avec le fond du diffuseur. Tout liquide qui entre dans le diffuseur doit passer par A.
I » raccordée au tuyau E amenant l'eau de la tour et à la soupape A.
L » raccordée au tuyau H ramenant les jus des réchauffeurs et à la soupape A.
M » raccordée à l'ouverture supérieure du diffuseur précédent et à la soupape A.
R » posée sur le tuyau qui vient du diffuseur précédent et communique avec le tuyau G qui conduit aux réchauffeurs et à la défécation.
K » établie au dernier diffuseur de la batterie et commandant la communication avec le premier diffuseur. Cette soupape peut rester toujours ouverte quand la batterie est en marche. Tous les mouvements d'un diffuseur à l'autre se font par A et M.
N T_1 T_2 » commandant l'entrée des jus aux réchauffeurs.
B_1 B_2 » » la sortie des jus des réchauffeurs.

EXTRACTION DU JUS PAR DIFFUSION.

ANCIEN SYSTÈME : Batterie simple, rectiligne, de 7 diffuseurs avec réchauffeurs externes à la batterie.

SYSTÈME ROBERT.

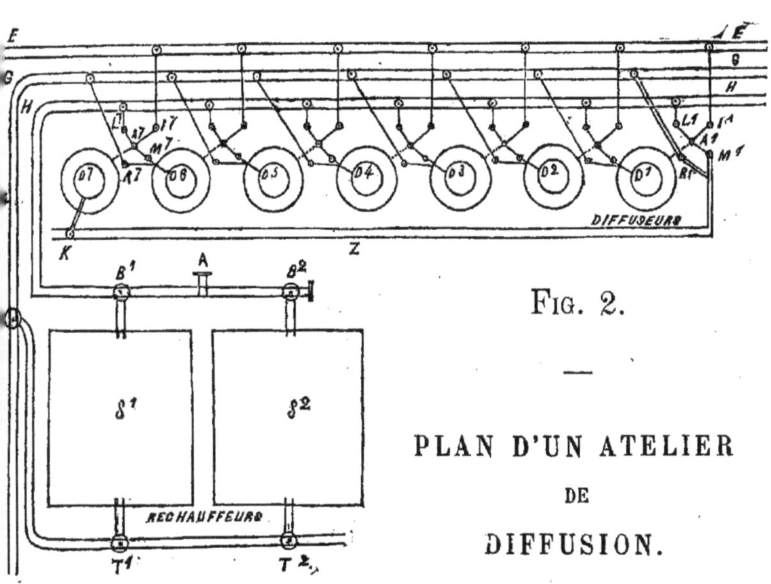

FIG. 2.

PLAN D'UN ATELIER
DE
DIFFUSION.

2. *Batterie circulaire avec calorisateurs interposés, système Riedel.* — Voici la disposition des vaisseaux dans le mode du constructeur Riedel, de Halle-sur-Saale : c'est ce mode qui sert actuellement de type à toutes les installations de diffusion, à peu d'exceptions, ce qui nous a déterminé à le décrire en détail.

Le groupement de huit diffuseurs, représenté ci-après dans les fig. 3—4, est celui que l'on préfère notamment en Autriche, où des exigences fiscales poussent le manufacturier à diminuer la capacité des vaisseaux diffuseurs. L'installation est par là réduite à sa plus simple expression, circonstance de nature à provoquer l'extension de cet outillage et qui a, en effet, amené ce résultat.

La fig. 3 représente en plan la batterie, y compris l'hélice horizontale qui sert à l'évacuation des résidus. La fig. 4 donne l'élévation de l'outillage et comprend deux coupes verticales, l'une suivant *A,B*, l'autre suivant la ligne brisée *C, D, E* de la fig. 3.

Les diffuseurs ont une forme un peu renflée vers le haut. Ils s'ouvrent en un collet cylindrique que ferme un clapet circulaire muni d'un joint en caoutchouc. Vers le bas, latéralement, existe une ouverture de vidange, carrée, également à clapet. Il existe, à l'intérieur du cercle et à deux pieds en contrebas du plan limitant supérieurement les couvercles des diffuseurs, un plancher où se tient le chef-diffuseur, préposé à la manœuvre des soupapes.

Dans la fig. 3 les diffuseurs IV, V, VI, VII sont réprésentés comme ayant le trou d'homme fermé par étrier, tandis qu'il se trouve ouvert dans les diffuseurs I, II, III et VIII. Au haut comme au bas de chaque vaisseau, près des trous d'homme, à l'intérieur, on place des tôles perforées ne laissant passer que des jus purs et non des débris végétaux.

BATTERIE CIRCULAIRE DE DIFFUSION,

SYSTÈME RIEDEL.

LÉGENDE.

(fig. 3 et 4.)

I, II...... VIII. Vaisseaux-diffuseurs.
b, b, b . . . . Calorisateurs.
a, a, a . . } Tuyaux dit de passage, établissant la communication
a' a¹ a¹ . . } entre le calorisateur et le diffuseur.
b, b, b. . . . . Conduite d'eau.
c, c, c. . . . . Tuyaux conduisant le jus à la défécation.
1. 2, 3. . . . . Soupapes diverses.
5 . . . . Communication par le bas du diffuseur au calorisateur.
7 . . . . Conduite de vapeur, courant sous la conduite d'eau.
7' . . . . Injecteur de vapeur.
8 . . . . Robinet d'air.
9 . . . . Robinet pour l'écoulement de l'eau lors de la vidange des diffuseurs.
10 (voir fig. 3, à gauche, au dessus). Entrée du tuyau de vapeur dssservant le calorisateur.
11 . . . . Sortie des eaux de condensation, au bas du calorisateur.
F . . . . Mur cimenté, sur le rebord duquel posent les vaisseaux-diffuseurs.
G . . . . Espace où se déversent les cossettes épuisées.
H . . . . Colonnettes supportant les vaisseaux-diffuseurs.
J . . . . » » les calorisateurs.
K . . . . Espace où s'accumule le produit de la vidange et où la vis d'Archimède *N* vient s'alimenter.
L . . . . Claire-voie.
M . . . . Supports de la claire-voie.
N . . . . Hélice transportant les cossettes aux presses.

Les fig. 5 et 6 (page 70) représentent la disposition d'ensemble des divers appareils composant l'outillage de l'atelier de diffusion.

BATTERIE CIRCULAIRE

AVEC CALORISATEURS DANS LE CIRCUIT.

ÉLÉVATION. (Fig. 4).

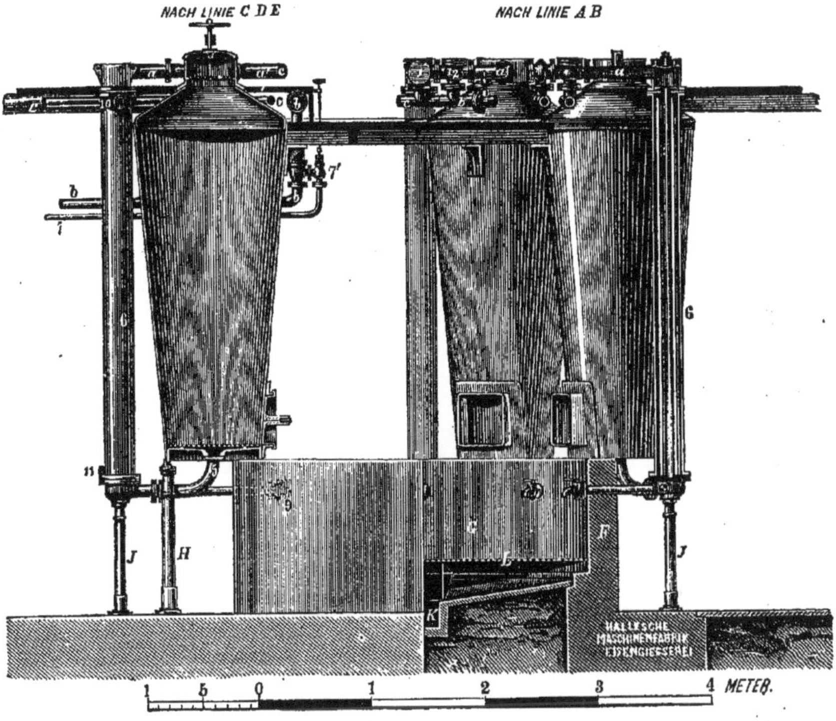

NACH LINIE C D E

NACH LINIE A B

HALLESCHE MASCHINENFABRIK EISENGIESSEREI

1 5 0 1 2 3 4 METER.

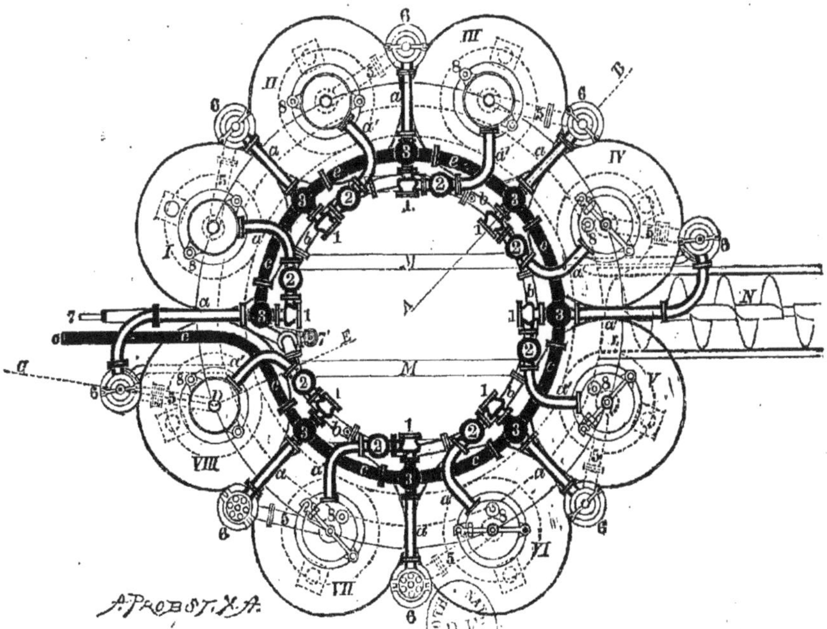

A. PROBST. X. A.

PLAN. (Fig. 3).

DISPOSITION D'ENSEMBLE

SYSTÈME RIEDEL.

ÉLÉVATION. (FIG. 5).

SCHNITT AB.

A. PROBST. X

1 0,5 0 1 2 3 Mtr.

PLAN. (FIG. 6).

On suit facilement, sur ce dessin, la marche de la betterave depuis sa sortie du lavoir jusqu'à sa sortie à l'état de pulpe par la vis d'Archimède.

Au haut de la fig. 5, vers la droite, on voit la noria *A* qui porte les racines lavées à la trémie *B*, alimentant le coupe-racine. Les schnitzells accumulées dans le réservoir cylindrique *C*, sous les couteaux, passent, par la nochère inclinée *D* qui se termine en forme d'entonnoir *E*, dans le goulot *J* des vaisseaux de diffusion. La forme légèrement conique de ces vaisseaux régularise la descente des schnitzells épuisées, qui, traversant la porte à tampon *K*, s'égouttent dans l'espace intérieur *L*, sur la claire-voie où s'alimente l'hélice *M.G* celle-ci transporte automatiquement les résidus à l'extérieur de l'atelier : elle les déverse sur la chaîne à godets *N*, qui alimente les presses Kluzeman.

La fig. 6 représente, en projection horizontale, la batterie Riedel, en supposant enlevés le coupe-racine et sa chaîne alimentaire. Ce dessin offre comme particularité de construction la soupape-maîtresse *(central-ventil)* *F* qui permet de régler le passage des jus d'un diffuseur à l'autre sans avoir recours à une série de soupapes spéciales comme dans la disposition générale, décrite plus haut.

On remarquera la simplicité de la tuyauterie et conséquemment des manœuvres. Le tuyau horizontal *b* réunit, par le bas, le diffuseur au calorisateur *c*. Le tuyau *d* réunit le haut du calorisateur à la partie inférieure de la soupape centrale. Enfin, le tuyau *e* fait communiquer le haut de la soupape centrale avec les vaisseaux-diffuseurs.

La modification de la soupape centrale, malgré la simplicité qu'elle procure au montage des vaisseaux-diffuseurs, ne s'est pas beaucoup répandue.

Pour compléter la description de l'outillage de diffusion, tel qu'il se construit généralement, nous intercalerons ici certaines données se rapportant à l'une des usines belges qui ont fonctionné durant la campagne 1878-79. M. l'ingénieur Delori, directeur de la sucrerie de Snaeskerke (lez-Ostende) esquissait dans les termes suivants (1) les particularités de l'outillage de cet établissement, des mieux aménagé.

« La batterie de Snaeskerke, pour une production de 3,500 hectolitres de jus par jour, à une densité voisine de 4°, se compose de 11 vases de 55 hectolitres de capacité — disposés sur une circonférence de 5 mètres 80 de diamètre. Les vases sont cylindro-coniques.

» Entre chaque vase et extérieurement se place le réchauffeur, avec joints spéciaux des tubes en laiton dans les plaques tubulaires. Il sert en même temps de support à la charpente sur laquelle reposera la batterie.

» Dans l'axe vertical de la batterie, à 3 mètres au-dessus du plancher, se trouve le coupe-racine. Le plateau, avec porte-lames spéciaux pouvant se remplacer rapidement, se trouve au bas de l'appareil et il reçoit le mouvement par en haut.

» Cette disposition permet aux cossettes de tomber directement dans une nochère inclinée qui les con-

(1) Voir la *Sucrerie belge* du 1er août 1878.

duit, sans aide mécanique aucune, dans un entonnoir portatif placé au-dessus du diffuseur à remplir.

„ Grâce à cet entonnoir le remplissage se fait toujours par le centre du diffuseur, sans tassement aucun.

„ Le vidange des diffuseurs s'effectue par en dessous et non sur le côté, ce que je considère comme un avantage sérieux. La disposition appliquée à Snaeskerke détruit l'existence du cône de non épuisement, ce qui était le seul inconvénient de ce mode de travail pratiqué généralement en Autriche, où l'on veut obtenir une rapidité extraordinaire dans les opérations.

„ C'est dans la belle sucrerie de Josephstadt que j'ai étudié ces perfectionnements.

„ Sous la batterie, se trouve le plancher de vidange. Les eaux de lavage et les petites eaux filtrent à travers une tôle perforée; les cossettes se réunissent naturellement, par l'effet des dispositions du plancher, auprès de l'ouverture de la vis ou de la courroie qui les transportera dans les presses Kluseman perfectionnées.

„ La tuyauterie se trouve dans le petit cercle intérieur de la batterie. Elle se compose de 3 conduites et de trois soupapes pour chaque vase : eau — vapeur — jus.

„ *Service de la batterie :* Les soupapes, les couvercles des diffuseurs, et la nochère, sont manœuvrés par le chef de batterie et son aide, jeune homme de 14 à 16 ans. Le service de la vidange se fait avec un seul homme, si la batterie est de faible importance.

» Ici, pour un service de 300,000 kilog. de betteraves journellement, j'emploierai deux hommes et un aide. Ce personnel pourrait être réduit, mais, afin d'assurer aux presses Kluseman un approvisionnement régulier en cossettes, ce qui aide à une production de bonne pulpe, j'ai préféré ajouter un homme pour le service des cossettes épuisées.

» Un chef de batterie, deux hommes et deux aides remplaceront donc tous les ouvriers nécessaires pour le service de 5 tables préparatoires et de 25 presses hydrauliques.

» Un homme et un aide pour les presses Kluseman forment le personnel nécessaire, au lieu des ateliers de secoueuses de sacs, pour 300,000 kilog. betteraves. »

Les calorisateurs, intercalés dans la batterie même de diffusion, sont des appareils où l'on élève la température des jus par un mode analogue à celui usité dans les caisses des appareils d'évaporation verticaux à double effet. Ces caisses, dans l'un et l'autre appareil, sont fermées, en haut et en bas, par des tôles horizontales dans lesquelles sont emboutis une série de tubes verticaux dans lesquels circulent les jus à réchauffer et entre lesquels se fait, par le haut, l'admission de la vapeur (1). Au bas de

(1) A propos du réchauffage des jus en cours de diffusion par le moyen de calorisateurs interposés entre les vaisseaux diffuseurs, M. Vivien a signalé la haute utilité qu'il y aurait à opérer le réchauffement du jus dans ces calorisateurs, non plus à l'aide du système de tubes verticaux actuellement en usage, mais bien par un serpentin susceptible de se déformer sans bris ni perte d'étanchéité; les calorisateurs actuels ont une constitution intérieure analogue à celle des

la caisse est adapté un tuyau purgeur pour éliminer les eaux provenant de la condensation de la vapeur.

De chaque calorisateur émerge, par le haut, un grand thermomètre plongeant au fond de l'appareil. Ce thermomètre porte une graduation très large : le remplacement en est aisé, en cas de bris.

Avant d'entamer la description du parcours des jus et de l'eau de pression dans la batterie de diffusion, nous ferons connaître sommairement les organes essentiels réglant ces parcours, ainsi que certains termes consacrés par l'usage.

Chaque vaisseau de diffusion (dans le montage sans la soupape centrale) porte au moins cinq soupapes, à savoir :

1. *La soupape d'eau.* — Sert à donner à la batterie la pression d'eau qui détermine le mouvement des jus. Il est inutile de faire remarquer que, pour agir par pression, l'eau doit provenir d'un réservoir placé à un niveau supérieur à celui des diffuseurs où elle est appelée à exercer sa pression. On a aussi recours à la soupape de pression d'eau pour laver le diffuseur qu'on vient de mettre en vidange.

caisses du triple-effet et les alternatives de jus froids, puis chauds, qui circulent entre ces longs tubes verticaux causent des dilatations et des retraits brusquement alternatifs dans le métal des tubes : d'où naissent des détériorations de l'outillage et des fuites aux endroits où les tubes se relient aux plaques de dessus et de dessous.

Il y a dans la modification conseillée par M. Vivien un progrès à réaliser, analogue à celui que le constructeur Simon, de Laon, a apporté aux appareils d'évaporation et qui procure aux fabricants une sécurité et une économie de combustible supérieures.

2. *La soupape de passage.* — Etablit la communication du diffuseur avec le calorisateur. Cette soupape est réglée par un robinet placé à l'intérieur de la plate-forme.

3. *La soupape de la défécation.* — Ouverte, permet au jus d'entrer dans la conduite générale, d'où il peut être dirigé, soit vers le mesureur de la régie, soit vers un calorisateur.

4. *La soupape ou robinet de vapeur.* — Dessert le calorisateur.

5. *La soupape de décharge.* — Par où s'échappe la vapeur condensée.

Si l'on a compris la fonction respective de ces divers organes, les expressions elliptiques suivantes se passent de commentaires :

Soupape d'eau n° IX, par exemple, c'est-à-dire soupape réglant la pression de l'eau sur le jus du neuvième diffuseur.

Soupape de passage V, robinet de vapeur IV, etc.

On dit qu'un diffuseur, chargé de lamelles, est *meiché* (1) lorsqu'il est traversé de bas en haut par les jus provenant du contact de l'eau avec des cossettes déjà plus ou moins appauvries par le travail de la diffusion.

L'eau de pression communique aux jus de diffusion un mouvement continu et progressif. L'eau éprouve, d'abord, le contact des cossettes arrivées à la dernière période d'épuisement, passe successivement sur tous les diffuseurs de la batterie où elle

(1) De l'allemand *meischen,* mélanger en remuant.

rencontre des lamelles de plus en plus riches et vient meicher finalement les schnitzels fraîchement découpées d'un diffuseur nouvellement empli. Elle n'arrive donc au mesureur qu'après avoir traversé tous les diffuseurs et tous les calorisateurs de la batterie.

La force nécessaire à ces manipulations considérables est fournie par la pression d'eau. C'est assez dire combien il importe de s'assurer en tout temps la présence des quantités d'eau nécessaires à ce service important. Il ne faut pas, néanmoins, que cette préssion soit violente. Une pression exagérée opère irrégulièrement et n'imprègne pas également toutes les lamelles, en d'autres termes, éloigne du but à poursuivre.

Il s'agit, en effet, d'obtenir une extraction uniforme de toute la matière première soumise au traitement. Il importe, par conséquent, d'assurer des conditions identiques, c'est-à-dire, un contact également prolongé avec une égale quantité de liquide. Une pression irrégulière fournit des résidus inégalement épuisés.

Lorsque ce denier cas se présente, on peut y obvier aisément en brisant la violence du courant par un obstacle approprié. Une tôle convenablement perforée, interposée dans la prise d'eau, suffit presque toujours à remédier au mal.

L'eau employée à l'osmose des schnitzels doit satisfaire aux conditions que l'on requiert d'une bonne eau potable. Elle doit être pure, limpide, peu calcaire. Les eaux troubles, surtout si elles renferment des matières organiques, doivent être rejetées ou préalablement clarifiées et épurées. On a à craindre la fermentation lorsqu'on fait emploi d'eaux contenant de l'hydrogène sulfuré ou des matières organiques en décomposition. Enfin, les eaux pures quoique tenant en suspension des sables fins, amènent l'usure des soupapes; les eaux crues, séléniteuses, sont d'un emploi difficile. Comme les eaux gypseuses, elles incrustent, en quelque sorte, la membrane constituée par la cossette, enrayent la diffusion et abaissent la valeur alimentaire du résidu. Les eaux salées donnent des jus de diffusion également plus salins que les eaux pures.

CHAPITRE TROISIÈME.

Pratique de la diffusion.

Essai de l'outillage à blanc. — Nous supposons le lecteur bien au courant de l'outillage et l'outillage parfaitement installé. La première chose à faire avant de mettre en train, c'est d'essayer à blanc, c'est-à-dire de pratiquer avec de l'eau toute la série des opérations que comporte le procédé, sans faire usage de cossettes. On se rendra compte par là de la marche des appareils, de l'étanchéité des joints et des soupapes, de la rapidité avec laquelle on peut provoquer une élévation donnée de température, procéder à l'emplissage ou à la vidange des vaisseaux, en un mot, l'on se rendra compte de la valeur de l'outil qu'on est appelé à manier et des services qu'on est en droit d'en attendre.

Il ne faut jamais recommencer la campagne sucrière sans avoir procédé à nouveau à ces essais et s'être assuré que les mouvements s'opéreront dans le temps normal, sans déperdition de jus, sans arrêt dus à l'obstruction des tubes ou des soupapes par le fait de substances étrangères.

L'outillage étant bien en règle, la pratique de l'extraction du jus par la diffusion s'exécute avec une simplicité, une rapidité, une précision, qu'on chercherait vainement à atteindre par tout autre procédé.

Mise en marche. — Désignons par I, II, III...., VIII, IX, les vases diffuseurs d'une batterie circulaire du système Riedel, dans l'ordre où ces vaisseaux vont être mis en œuvre.

On commence par remplir I d'eau, qu'on chauffe à 40° à l'aide d'un injecteur de vapeur : cet injecteur fonctionne pendant l'entrée de l'eau dans le diffuseur, on atteint rapidement la température désirée.

On remplit d'eau, par un mode analogue, les deux vaisseaux suivants, en portant la température de II à 55°, celle de III à 65. On peut procéder de deux manières à cette opération préalable : ou bien l'on enlève le couvercle et la plaque perforée de chaque diffuseur à remplir, et l'on ouvre la soupape d'eau correspondante ; ou bien, on laisse le diffuseur I fermé, en se bornant à ouvrir les soupapes d'eau du diffuseur I. Par la pression, l'eau se rend dans le diffuseur et le calorisateur attenants : on la fait pénétrer dans II et III par les mêmes manipulations que nous indiquerons tout à l'heure pour le parcours du jus.

Les températures de 40°, 55° et 65° Réaumur sont celles que conseille M. Riedel. Le Dr Stohman s'arrête aux chiffres respectifs de 35°, 50° et 60° Réaumur, différence peu importante.

Les trois premiers vaisseaux se trouvant remplis d'eau, on charge de lamelles de betteraves, ou *schnitzels*, le diffuseur IV, dont le trou d'homme a été fermé jusqu'à ce moment,

Si l'installation de l'usine le permet, on procède régulièrement, à partir de cet instant, au chargement d'un diffuseur de quinze en quinze minutes.

Généralement, la transformation d'une fabrique à pression hydraulique en une fabrique par diffusion rend nécessaire l'agrandissement de divers vaisseaux, vu le volume des jus sensiblement supérieur, pour un même poids de racines, dans le système d'extraction par diffusion. Mais souvent, cet agrandissement, jugé indispensable, ne s'opère néanmoins qu'à la seconde année : dans ce cas, on règle le travail pour le chargement d'un diffuseur de 20 en 20 minutes, ou même de demi-heure en demi-heure. On peut dire, jusqu'à un certain point, que plus fréquentes sont les mises en activité de nouveaux diffuseurs, plus régulière est la circulation des jus et plus avantageuse la diffusion.

Rapidité, régularité, températures appropriées, telles sont les conditions essentielles auxquelles doit satisfaire tout système d'extraction du jus, tout spécialement par la méthode qui nous occupe.

Le vaisseau IV étant chargé de schnitzels venant du coupe-racine, et la soupape de défécation étant fermée, on dirige sur le vaisseau IV, par le bas, l'eau qui remplit le vaisseau antérieur et qui, par son passage à travers le calorisateur de IV, s'est échauffée à 87° c. L'eau baigne les cossettes de proche en proche en s'élevant dans l'intérieur du vaisseau IV, et sa température s'abaisse sensiblement au contact des cossettes fraîches.

On a soin de régler la pression d'eau de manière à ce que cette première osmose s'effectue régulièrement et dans le temps voulu pour un travail normal.

Les couches de schnitzels s'imprègnent d'eau, de proche en proche ; lorsqu'elles se trouvent totalement submergées dans le liquide montant, on place la tôle perforée, on ferme le trou-d'homme, en ayant la précaution de frotter à la craie le bord métallique pour éviter que le caoutchouc formant joint n'y adhère trop fortement au moment où, plus tard, il s'agira de desserrer la vis de l'étrier obturateur.

Le robinet d'air, disposé au sommet du diffuseur, reste ouvert jusqu'au moment où le jus, venant à le traverser et à se dégorger au-dehors, annonce le terme de l'opération du *meichage*. On établit alors la circulation en sens inverse, en fermant la soupape de défécation III et en ouvrant simultanément la soupape de passage IV.

Pendant le temps du premier *meichage*, on a procédé au chargement du vaisseau V : le liquide de IV, réchauffé préalablement, est dirigé sur V. A cet effet, le robinet de défécation III étant fermé, celui de IV reste ouvert : on ouvre celui de V et aussi le robinet de vapeur du calorisateur IV. Le robinet de passage entre III et IV étant ouvert, la pression pousse le premier jus faible du vaisseau IV dans le calorisateur IV, puis de celui-ci, par le calorisateur V qu'il traverse de haut en bas, dans le diffuseur V, où il pénètre de bas en haut. Il est important de bien saisir ce premier parcours du jus, la manœuvre étant dorénavant la même pour le passage d'un diffuseur quelconque au suivant.

Dans cet entretemps, le vaisseau VI a été rempli, à son tour, de lamelles fraîches et l'on opère sur celui-ci exactement comme on a opéré sur les précédents.

Lorsque la betterave est de bonne qualité, les

lamelles fines et nettement découpées, à arêtes vives et d'une épaisseur moyenne, les températures prescrites scrupuleusement observées, les manipulations exécutées régulièrement et sans arrêts, le jus se trouve, à ce moment, posséder une densité et une teneur en sucre permettant un travail avantageux : le jus sortant de VI est conséquemment dirigé sur le mesureur de la régie.

A cet effet, on ferme la soupape de défécation V, et on laisse ouvertes, pendant le chargement du mesureur de la régie, la soupape de défécation VI et la soupape de passage V. La température du calorisateur V est maintenue à 87° c. Dans le cas où l'on veut obtenir au mesureur des jus chauds, on ouvre également le robinet de vapeur du calorisateur VI. En ce moment, on ouvre le robinet du mesureur et la pression de la batterie y pousse le contenu du diffuseur VI.

Pendant ce temps, VII a été chargé en schnitzels fraîches.

On calcule la capacité du mesureur, à raison de 140 litres par 100 kilog. de betteraves admises au diffuseur, soit 26 hectolitres par 1,500 kilog. de schnitzels, ou 35 par 2500, etc... Le mesureur ayant recueilli la quotité de jus indiquée, le restant sert à meicher VII. A cet effet, on ferme le robinet distribuant le jus au mesureur; la pression d'eau ramène alors le jus, par la conduite générale, au diffuseur VII, où l'on a ouvert la soupape de défécation et dont les schnitzels reçoivent le jus de la diffusion successive à travers les cossettes, déjà appauvries, de IV, V, VI.

Le jus de VII meiché va, de même, partie au mesureur, partie au vaisseau VIII.

A mesure qu'un plus grand nombre de diffuseurs entrent en activité, on approche davantage de la marche normale et le jus envoyé à la défécation au sortir de chaque nouvel appareil présente une densité de plus en plus élevée.

Au bout d'un certain temps, on met la pression d'eau sur II directement, on l'enlève de I et l'on vide I, afin que le travail n'éprouve aucune interruption et que l'on puisse, au moment voulu, charger, à son tour, I de cossettes fraîches. La marche normale n'est acquise, à proprement parler, que lorsque chaque diffuseur, à tour de rôle, a reçu la charge déterminée de schnitzels et que l'on met en vidange, par exemple, le vaisseau IV pendant que III est meiché.

Tout ce qui a été dit précédemment s'applique à la batterie Riedel, à calorisateurs fermés.

Dans le système des anciennes batteries, les calorisateurs consistaient en cuves à air libre, au nombre de deux pour toute une série de 10, 12, 14 diffuseurs. Il y avait, dans ce mode, une main-d'œuvre considérable et compliquée pour mettre hors de batterie et remplir à nouveau un diffuseur à schnitzels épuisées.

Dans le système actuel, il suffit de trois minutes pour effectuer cette vidange, interrompre et remettre en train : ce qui a permis de réduire de 12 à 8 le nombre ordinaire des vases de la batterie, sans nuire aux exigences du travail. Cependant, n'était la raison d'économie, la préférence devrait, même dans le système actuel, être accordée aux batteries de 9, 10, 11 diffuseurs, et ce, pour des motifs dont nous parlerons plus loin.

Dans l'ancien mode, il y a toujours deux diffuseurs, au moins, en non-activité. La vidange *automatique*, en quelque sorte, des diffuseurs actuels permet d'attendre que le vaisseau fraîchement rempli soit déjà au tiers ou à moitié imprégné de jus avant de modifier la pression d'eau et de l'enlever du diffuseur le plus ancien en marche. Pour atteindre à ce minimum de chômage, la soupape d'eau V et l'injecteur étant ouverts simultanément et la soupape d'eau IV fermée, on avertit l'ouvrier posté en-dessous, pour le service des cossettes épuisées. Celui-ci ouvre prestement un robinet qui laisse écouler une petite quantité d'eau; ensuite, il ouvre le trou-d'homme inférieur et avertit à son tour le chef-diffuseur, placé sur la plate-forme, lequel, à ce signal, ouvre le robinet d'air. Lorsque ces deux manœuvres sont convenablement exécutées, c'est-à-dire, quand elles se succèdent si rapidement qu'elles semblent quasi coïncider, la charge entière s'élance d'un jet dans le réservoir en ciment recueillant la vidange.

Pour assurer un nettoyage complet, on ouvre le trou-d'homme supérieur et la soupape à eau, après avoir enlevé la tôle perforée et l'on rince à jet de lance la paroi du vaisseau, de façon à n'y plus laisser adhérer la moindre cossette. Après un rinçage énergique, on ferme le trou-d'homme inférieur ainsi que le robinet de décharge d'eau; le diffuseur se trouve, dès lors, prêt à recevoir de nouvelles cossettes.

Lorsque le travail a été convenablement exécuté la vidange est, pour ainsi dire, instantanée et le diffuseur se trouve prêt à rentrer en fonction, moins de quatre minutes après qu'on a interrompu la circulation.

TRAVAIL NORMAL.

Pendant toute la durée de la mise en marche on opère à des températures plus élevées que pendant la marche normale : le nombre restreint de diffuseurs et, par suite, la quantité relativement faible de matière première mise en œuvre exige un épuisement profond et rapide si l'on veut éviter le travail de jus trop aqueux.

On doit se garder, cependant, de faire un simple lessivage ou macération à l'eau bouillante et se méfier de toute exagération.

A partir du moment où le jus sortant du huitième diffuseur est dirigé sur le mesureur, les températures, aux différents calorisateurs, sont et restent réglées de la manière suivante :

Calor.	I	Tempér.	30°	Centig. ou	25°	Réaum.
—	II	—	42°	—	34°	—
—	III	—	52°	—	42°	—
—	IV	—	62°	—	50°	—
—	V	—	72°	—	58°	—
—	VI	—	80°	—	65°	—

La température de 80° c. devient désormais la température normale à établir à l'avant-dernier calorisateur, tandis que, pour les autres calorisateurs, on observe sensiblement la gradation ci-dessus indiquée, l'eau de pression étant maintenue à 22° c.

On règle l'admission du jus au mesureur de manière à obtenir au moins 120 litres de liquide par

100 kilog. de betteraves : ce chiffre minimum sera parfois dépassé, cela se conçoit, en raison de la variation de la qualité des racines.

Voici maintenant un exemple de parcours normal des jus, une fois le travail de diffusion réglé.

Pendant que III passe au mesureur, non-seulement la vidange de IV mais encore son chargement en lamelles vierges doivent être complètement exécutés.

D'autre part, il est de toute nécessité, pour assurer un travail convenable, qu'une fois le mesureur rempli le jus ne reste pas stagnant, c'est-à-dire, que la circulation des liquides n'éprouve aucune interruption.

Dès que le mesureur est à bande, le jus est dirigé en IV. Il est à noter qu'avant le passage de III au mesureur la pression est en V; les soupapes de passage V, VI, VII, VIII, I et II ainsi que les prises de vapeur aux calorisateurs respectifs sont ouvertes, de même que la soupape de défécation III. Pour diriger le jus en IV, il suffit d'ouvrir la soupape de défécation IV tandis que la communication avec le mesureur est interrompue. La pression reste en V tout le temps que l'on met à emplir IV de schnitzels, et ainsi de suite.

En principe, on doit veiller à maintenir les jus en marche continue et régulière. Le mesureur est-il plein, le jus doit instantanément trouver issue au diffuseur suivant, et celui-ci étant rempli se rend, à son tour, au mesureur. Tout retard, toute interruption est nuisible et doit être évitée autant que possible.

De cette manière, le travail normal porte sur $7\frac{1}{2}$ diffuseurs lorsque la batterie est de 8 vaisseaux; un diffuseur ne reste, en effet, hors de service que pendant la moitié du temps nécessaire pour faire monter le jus dans le diffuseur précédent.

Il n'y a pas que les exigences techniques du travail qui entrent en ligne de compte pour établir la table des températures de la batterie de diffusion et le mode de parcours des jus : la législation fiscale intervient, à son tour, comme facteur du problème et il y a lieu de s'en préoccuper pour éviter des mécomptes de rendement ou des surtaxes indirectes d'impôt.

Deux mots d'explications à cet égard.

On sait que, dans tout mode de travail quelconque, la première opération d'épuration consiste à porter les jus verts, au contact de la chaux ou d'une terre alcaline, à une haute température, généralement à l'ébullition. Il y a donc avantage et économie de combustible à ce que les jus arrivent aux vaisseaux où se pratique ce premier traitement à la plus haute température possible : il serait irrationnel et coûteux de devoir refroidir des jus qu'on doit amener à l'ébullition, un instant après, le plus rapidement possible.

En Allemagne, le fisc ne s'arrêtant qu'à peser la betterave, laisse à l'industriel toute latitude quant au mode de travail. Les jus de diffusion allant aux vaisseaux de défécation sont, dans ce pays, surchauffés par leur passage à travers un réchauffeur, ce qui les amènent très rapidement à la température exigée pour le travail à la chaux.

L'opération de la carbonatation se trouve par là considérablement abrégée et la circulation des jus est activée d'autant, circonstance éminemment favorable à la qualité du travail.

En Belgique, les conditions sont autres. La législation y agit à l'encontre de ce qu'exige la conduite rationnelle du travail, car elle oblige l'industriel à abaisser à 15° centigrade la température des jus de diffusion à leur entrée aux vaisseaux-mesureurs de la régie. Loin donc de faire emploi d'un vaisseau intermédiaire destiné à exalter la température des jus, c'est d'un réfrigérant que l'on fait usage entre la batterie de diffusion et les vaisseaux du travail chimique.

L'employé du fisc a pour mission de noter, à chaque opération, le volume du jus mis en travail et le poids spécifique de ce jus estimé à la température de 15°. Si donc le jus arrivant aux vaisseaux de défécation marque une température supérieure à ce point normal de la graduation des aréomètres, il y a une correction à faire subir aux indications de l'instrument, la densité d'un liquide chaud étant moindre que celle de ce liquide refroidi. D'autre part, le volume varie en sens inverse : il n'est pas tenu compte de ce fait dans les évaluations du fisc, c'est-à-dire que celui-ci n'autorise pas le fabricant à ajouter, après coup, du liquide dans la cuve de défécation de façon à parfaire exactement le volume pour lequel les caves sont taxées, si l'on suppose le liquide de ces cuves abaissé à la température de 15°. En fait, si le jus n'arrive pas à la cuve avec une température égale à celle exigée pour le pesage, à l'éprouvette du fisc, le fabricant se trouve imposé en raison d'un volume de jus supérieur à celui qu'il travaille effectivement.

D'où, l'obligation, pour l'industriel employant en Belgique le procédé de diffusion, soit d'installer un réfrigérant sur la conduite amenant les jus au mesureur de la régie, soit de *meicher* à des températures inférieures, c'est-à-dire dans des conditions autres que celles considérées comme les plus profitables par les praticiens et les chimistes qui ont expérimenté le système.

C'est là une preuve nouvelle de l'influence souvent désastreuse des lois d'accise sur le progrès industriel ou sur les méthodes manufacturières.

Dans les usines belges, cette nécessité amenée par le régime fiscal oblige à atteindre plus rapidement le point culminant de 80° c.; un autre inconvénient c'est que un ou plusieurs vaisseaux de la batterie, ceux-là précisément qui renferment les cossettes les plus riches, sont traversés par des jus à une température moins élevée. Nous reviendrons ultérieurement sur ce point.

Par suite des exigences que nous venons de signaler, on a été amené, dans les usines belges de diffusion, à modifier la gamme des températures respectives des vaisseaux calorisateurs.

Voici deux exemples de l'échelle des températures, relevés dans deux usines différentes, en marche normale, le n° I de l'échelle représentant le calorisateur desservant le vaisseau récemment chargé de cossettes fraîches et le n° VII ayant trait au point de la batterie où les cossettes sont le plus épuisées :

1.	18° R.	10° R.
2.	35° »	32° »
3.	45° »	55° »
4.	55° »	62° »
5.	65° »	60° »
6.	60° »	55° »
7.	50° »	45° »

La crainte de dépasser une température de 65° R. est parfaitement fondée tant qu'on vise à obtenir l'épuisement des schnitzels par le contact avec des liquides chauds (comme dans la méthode Schulz). En faisant traverser une colonne de schnitzels par un volume égal de liquide, on obtient des jus d'autant plus riches que la température du liquide est plus élevée. Même avec un liquide à 95° R. il est difficile de constater une trace d'altération. Il semble, d'après cela, que la difficulté consiste à opérer assez rapidement pour que la masse entière s'échauffe le moins possible tout en maintenant, comme nous l'avons dit, une circulation régulière et constante.

On a parfois recours à l'*air comprimé*, concurremment avec l'eau, pour opérer le déplacement des jus. L'eau agit, en effet, par deux modes : comme force motrice agissant par la pression due à la différence des niveaux dans les réservoirs d'eau et dans les vases de la batterie ; et comme agent dialyseur, provoquant l'exode du jus sucré et se substituant à celui-ci dans la cossette.

C'est le premier de ces effets qu'on demande parfois à l'action de l'air, comprimé à 1 1/2 atmosphère environ.

Dans l'établissement de MM. Quarez, à Tergnier, M. Mention, qui a installé ce système, est parvenu à réduire la proportion d'eau nécessaire au travail de diffusion à 130 pour 100 du poids des betteraves. La cossette épuisée se presse, dans ce cas, plus aisément et le résidu pressé atteint à 30 ou 32 pour cent seulement du poids de la betterave.

CHAPITRE QUATRIÈME.

Appréciation du système.

L'industriel qui voit pour la première fois fonctionner une batterie circulaire de diffusion ne peut se soustraire à l'agréable impression que lui procurent la marche automatique de l'outillage et la suppression quasi absolue de la main-d'œuvre. Cela lui fait l'effet d'une industrie *de salon*, comparativement au système usuel des presses hydrauliques avec son cortège de travailleurs nombreux, de bruit et souvent de désordre. La conduite d'un atelier de diffusion réclame des manœuvres de précision, d'ailleurs simples, qui se repètent par intervalles réglés : passé ce moment de surveillance rigoureuse, le rôle des rares ouvriers du poste se borne à faciliter, lors de la vidange des diffuseurs, la sortie des cossettes épuisées, que d'ingénieuses dispositions transportent aujourd'hui sans embarras de la batterie à l'extérieur du local.

En réalité comme en apparence, il y a une différtotale entre les modes d'opérer de l'un et de l'autre système, l'avantage restant sans conteste à celui de la diffusion.

Nous venons de le signaler, un ouvrier chef-diffuseur, avec son aide suffisent amplement à la surveillance et aux manipulations essentielles de la batterie : le travail est, en quelque sorte, purement intellectuel et se résume à régler, au moment voulu, le parcours du jus par la manœuvre d'un jeu de soupapes approprié. L'opération terminée, le résidu de l'épuisement est emmené, par une vis d'Archimède avec transporteur, à des presses qui ont pour objet d'éliminer des cossettes l'excès d'eau qu'elles renferment et qui serait de nature à vicier et à déprécier leur composition. Les pulpes pressées tombent d'elles-mêmes et directement dans les voitures des acquéreurs, à l'étage inférieur, le tout s'exécutant, pour ainsi dire, sans trace de main d'œuvre.

Cette main d'œuvre, peu importante quelque soit, d'ailleurs, le mode suivi pour l'installation de la diffusion, offre cette particularité qu'elle ne varie pas d'une façon appréciable quand bien même la production de l'outillage serait calculée sur des proportions très différentes : on ne compte guères un personnel plus nombreux dans un atelier travaillant par jour 300,000 kilogr. de betteraves que dans celui où l'on n'en emploie que 150,000. On conçoit que le personnel (résumé à peu près dans la personne du chef-diffuseur), doit être de premier choix : il serait de la dernière imprudence de confier la direction d'un travail aussi important à une personne ne présentant pas une garantie absolue au point de vue de la connaissance du système et de l'outillage, du soin, du jugement et de la vigilance. Une distraction involontaire ou préméditée peut, en un moment, causer des inconvénients graves à ce poste de confiance, où l'on appellera un surveillant de mérite, rémunéré convenablement.

Le salaire de la main d'œuvre au poste de l'extraction, variable suivant l'importance des établissements, s'élève annuellement à un chiffre considérable dans les systèmes usuels d'extraction. L'économie réalisée de ce chef par l'établissement du procédé de diffusion n'est pas la seule à considérer; à côté de cette économie vient se placer celle qui résulte de la réduction de la force motrice appliquée au râpage et à la pression hydraulique. Le coupe-racine, dont le mouvement n'est pas continu, absorbe une certaine quantité de force motrice; mais la vapeur que cela nécessite est peu de chose à côté de celle qu'on employe à activer les tambours et les pousseurs de la râpe, les pelleteurs mécaniques, les pistons injecteurs, les appareils de lavage, les monte-jus desservant la défécation et parfois d'autres services encore, tels que celui d'un atelier de pression continue parachevant l'action des presses hydrauliques.

Il y aurait donc à inscrire à l'actif du nouveau procédé la valeur de l'économie de vapeur réalisable de ce côté; mais, d'autre part, cette suppression notable de force motrice et partant, de combustible, est partiellement balancée par le surplus de puissance évaporatoire nécessaire dans le système de diffusion, pour opérer la concentration des jus qui ont absorbé, lors de l'extraction, une quantité d'eau supérieure à celle incorporée lors du râpage dans l'autre système.

La suppression des claies, des lames de râpe, des sacs en laine et des frais annuels d'achat, de lavage, de réparation que nécessitent ces engins; la suppression du buffet des pompes avec ses transmissions, ses pistons d'un entretien frayeux, réclamant également un personnel spécial; ces divers chefs d'économie et d'agrément justifieraient, à eux seuls, la préférence accordée au système par tous les industriels éclairés. Il n'y a pas grande exagération à affirmer que ce système fait réaliser des économies de matériel, surtout de force motrice et de main d'œuvre, dont l'importance dépasse en peu de temps les frais d'installation : le système de la diffusion augmente, en outre, par voie indirecte, la valeur de la matière première mise en œuvre.

En effet, au point de vue du manufacturier, cette valeur est liée intimement à celle des moyens dont il dispose pour en retirer la plus grande somme de produits possible. Cela étant, il y a lieu de nous demander si les produits de la diffusion, notamment les jus et les pulpes, ont une valeur supérieure aux produits similaires donnés par les autres méthodes d'extraction.

On sait qu'en d'autres pays les jus de diffusion ont été trouvés constamment d'une valeur supérieure à ceux fournis par d'autres procédés d'extraction. D'après les analyses comparatives jusqu'ici publiées à ce sujet, cette supériorité provient surtout de la diminution des matières organiques qui passent dans le jus tandis que, en ce qui concerne les substances inorganiques, la différence est moins

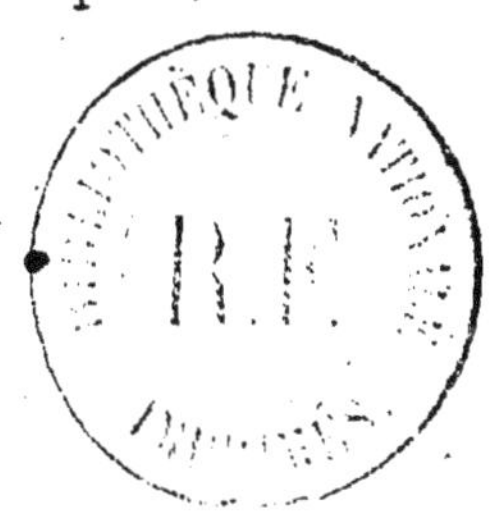

sensible. On s'explique d'autant mieux ces résultats que les premières se rangent dans la catégorie des colloïdes et les dernières dans celle des cristalloïdes (1) et que leurs coëfficients de diffusibilité sont respectivement inférieurs et supérieurs à celui du sucre.

Cela posé, on conçoit aisément les avantages de la diffusion pour le travail de betteraves riches en sucre ou d'un quotient salin peu élevé, mais on admet difficilement que ce procédé puisse convenir au travail de la betterave relativement pauvre en sucre et riche en sels qui sert de matière première à la plupart des sucreries en Belgique et en France. Il n'est pas besoin d'insister longuement sur les inconvénients que présentent à la fabrication les jus sucrés à fort quotient salin. Le travail d'épuration par la chaux, le gaz carbonique et le noir animal étant, en général, assez défectueux, la majeure partie des sels contenus originairement dans le jus brut cristallisent avec le sucre, dont ils abaissent le titre industriel et la valeur marchande. Cette action désastreuse des sels s'accroît, comme on sait, de ce fait que, par chaque unité de substance saline constatée dans le sucre brut, l'acheteur exige, aux termes des règlements admis, une déduction de cinq unités de sucre. C'est ce qui s'appelle la réfaction au coëfficient cinq. Cette exigence, en ce qui concerne notamment les sucres de diffusion, ne repose

(1) Après les considérations théoriques émises au chapitre précédent, et faisant réflexion que la théorie de l'osmose se trouve aujourd'hui entre les mains de tous les industriels, nous n'avons pas cru devoir entrer dans une nouvelle explication de ces termes, devenus usuels.

sur aucun fondement scientifique : il n'est pas exact d'affirmer qu'une partie de sel, contenue dans le sucre brut, empêche, lors du raffinage, la cristallisation de cinq parties de sucre. Le coëfficient, 2, 5 se rapprocherait beaucoup plus de la vérité et il est réellement étonnant que depuis dix ans, les industriels, producteurs du sucre, qui ont remanié tant de choses et dans des sphères si diverses, ne se soient pas davantage inquiétés d'une prescription qui lèse injustement leurs intérêts et dont le maintien ne se justifie que par leur inertie, d'une part, et par le bon plaisir du raffineur qui, sur le marché, tient généralement le haut du pavé.

Les sucres de bas titrage proviennent généralement d'usines où la betterave donne des jus fortement salins : ces jus peuvent parfois procurer une cristallisation très pure en premier jet, mais les impuretés salines s'accumulent dans les cristallisations ultérieures. Or, on sait que le sucre destiné à l'exportation est presque totalement composé de mélanges de divers jets, pour la confection desquels on se préoccupe également de la nuance et du titrage. Des betteraves à jus très salins sont spécialement celles cultivées dans les Polders, zone agricole formée d'anciennes alluvions maritimes conquises sur l'Océan.

C'est précisément dans la zône voisine des Polders que se sont établies les usines où le système de la diffusion a fonctionné dès l'abord en Belgique, circonstance qui a permis de constater manufacturièrement la possibilité d'appliquer d'une façon rémunératrice le système de la diffusion à des betteraves fortement chargées de sels. Précédemment, par suite de renseignements incomplets ou sur l'autorité de publications peu sérieuses, l'opinion s'était accréditée chez les industriels de nos contrées, que l'extraction du jus par ce procédé n'était admissible que dans le cas où la fabrique de sucre pouvait compter sur un approvisionnement de racines riches et pures : hors cette circonstance, c'était témérité que de s'outiller par ce mode. Il est heureux que l'expérimentation industrielle du procédé ait été tentée en Belgique précisément dans la zône betteravière que nous pourrions qualifier de *zône sáline* par excellence : il est plus heureux encore que les essais ayent pleinement réussi au gré des industriels intelligents qui ont l'honneur d'en avoir pris l'initiative et dont l'exemple sera désormais le meilleur argument à présenter pour montrer que, dans une certaine limite, les betteraves industrielles de toute qualité sont susceptibles d'une mise en œuvre fructueuse par le coupe-racine des établissements de diffusion.

Les betteraves des Polders (1) ont eu la singulière fortune d'être tantôt exaltées pour leur haute qualité, leur grande richesse, leur extrême pureté de composition; tantôt dépréciées outre mesure par suite de la grande quotité de sels immobilisés dans

(1) Cette opinion sur la valeur, très variable d'un lot à un autre, que possèdent les betteraves cultivées aux Polders, se trouve corroborrée par les résultats d'une série considérable d'analyses, remontant aux premières années de la mise en exploitation des Polders, renseignements communiqués obligeamment par M. Frantz Wittouck, l'intelligent directeur-propriétaire de l'usine de diffusion de Selzaete.

leur jus. A l'origine, la plupart des fabricants de sucre de l'intérieur avaient accoutumé de regarder d'un œil d'envie la matière première dont s'alimentaient les établissements voisins des Polders hollandais; de fait, la valeur des betteraves de Polders était alors très remarquable, résultat dû, en grande partie, à cette circonstance que ces racines se récoltaient, dans des sols vierges, sans emploi de fumier ou autres engrais azotés de nature à vicier la composition de la plante saccharifère. Une climature sèche, en favorisant l'élaboration du sucre et la maturation parfaite des racines, avait souvent aussi apporté son heureux coëfficient dans la production de ces racines et contribué à en assurer la réputation.

Par après, les circonstances se modifièrent : la création simultanée de nombreux établissements localisés surtout au-dela de la frontière, étendit rapidement la superficie consacrée à la production de la betterave dans les zônes poldériennes : de là, un moindre soin apporté par le cultivateur dans le choix des terres appelées à porter racine. On ne se fit bientôt plus scrupule de semer cette plante dans des polders de création récente, où la végétation prenait un grand développement sous l'action des sels dont le sol était gorgé ou des matières végétales non suffisamment décomposées qui assimilaient ces terres, limon à pléthore d'humus, à des prairies ou marécages retournés récemment. La qualité de la betterave se ressentit de cette modification dans les conditions de sa production; et tout en continuant à bénéficier de son ancienne renommée, cette plante arriva bientôt aux usines avec un jus de haute densité, bien vu de la régie, mais dont le poids était dû, pour une certaine part, à la proportion anormale de sels empruntés au sol par la plante. Aussi, les cristallisations de IIe jet, dans certaines usines, accusèrent-elles bientôt un titre relativement bas : on a cité des arrières-produits qui donnaient, à la langue, la sensation non du sucre, mais du sel, et dont le titre industriel au coëfficient cinq, était devenu quasi nul, parfois même négatif.

L'industrie sucrière dans les Flandres belges est aux mains de fabricants intelligents, instruits, hommes d'initiative et sagement progressifs. Nous manquerions à notre devoir de ne pas signaler, dans ce court aperçu, le service réel que ces industries ont rendu à leurs confrères et au pays en inaugurant, dans une région où la matière première est plutôt de qualité moyenne que supérieure, le système de la diffusion.

S'il est vrai que l'on rencontre un peu dans toutes les usines de bonnes et de mauvaises betteraves, et qu'il est important de connaître la qualité moyenne de la matière première mis en œuvre, il n'est pas moins utile de constater quels sont les facteurs principaux de cette moyenne. A titre de spécimen nous résumons ci-après le résultat d'analyses chimiques se rapportant à des groupes essentiellement distincts de chiffres, données qu'on a le grave tort, selon nous, de noyer souvent sous la dénomination de moyenne générale. Ces analyses montreront la grande variation de richesse et de composition que présentent les betteraves des usines flamandes traitées par le système de la diffusion.

Le tableau I a trait à la composition des racines; le tableau II à celle de jus de diffusion; on remarquera la pureté relative de ces derniers, point sur lequel nous reviendrons et que le lecteur pouvait augurer déjà des notions théoriques présentées au chapitre précédent.

TABLEAU I.

Composition des betteraves.

RICHESSE.	QUANTITÉ DE SUCRE °/₀ DE BETTERAVE.	MATIÈRES ÉTRANGÈRES	QUOTIENT DE PURETÉ.	SELS.	QUOTIENT SALIN.
En-dessous de 8 °/₀ sucre	6.34	2.40	72.1	1.090	17.1
De 8 à 10 °/₀ (1)	9.27	2.51	78.9	1.018	10.9
Au-delà de 10 °/₀ (2) . .	10.73	2.34	82.1	0.962	8.9

TABLEAU II.

Composition de jus de diffusion.

SUCRE °/₀ DU JUS.	MATIÈRES ÉTRANGÈRES.	QUOTIENT DE PURETÉ.	SELS.
9.13	1.10	86.9	0.51
9.10	1.52	82.7	0.64
8.54	1.56	81.3	0.62
8.07	1.50	80.7	0.65
8.36	1.15	83.6	0 57

(1) Moyenne de 43 analyses.
(2) Moyenne de 31 analyses.

7

Au sujet de cette pureté des jus, on est assez porté à la mettre en doute, et à croire que les jus de diffusion ont un coëfficient salin moins élevé que celui du jus naturel. Il n'en est rien cependant. Exemple. Au laboratoire de l'usine de Tergnier, les résultats de cinq analyses, les seules faites en vue de cette constatation, ont donné les résultats suivants :

TABLEAU III.

DATES des ANALYSES.	JUS NATURELS		JUS DIFFUSÉS	
	Sels p. 100.	Coëfficient salin.	Sels p. 100.	Coëfficient salin.
16 novembre.	0.492	—	0.501	13.20
26 d°	0.610	9.35	0.494	13.20
30 d°	0.550	7.86	0.495	7.11
6 décembre.	0.580	12.20	0.520	13.71
12 d°	0.530	10.70	0.500	12.90

Ainsi, sur cinq opérations, le tant pour cent en sels n'est défavorable à la diffusion que dans la première, et le coëfficient salin que dans la troisième.

Pour donner d'emblée une idée synthétique de la marche du travail de diffusion, de l'épuisement graduel de la cossette et de l'enrichissement progressif des liquides à mesure qu'ils procédent plus avant dans la batterie, rien ne parle davantage aux yeux que les résultats chiffrés de l'observation, tels que nous les groupons, d'une manière synchronique, dans le tableau IV.

On y touche du doigt la décroissance de la densité, du coëfficient de pureté, du coëfficient salin et de la teneur en sucre du premier vase, rempli de cossettes fraîches, au dernier vase qui est sur le point d'être mis en vidange.

On remarquera, en passant, qu'à un même moment les chiffres du thermomètre sont différents aux divers diffuseurs : il y a accroissement dans le principe, puis abaissement de température du milieu à la fin de l'opération.

TABLEAU IV.

Poids spécifique, Température et Composition
DU JUS DE CHAQUE DIFFUSEUR.

	I.	II.	III.	IV.	V.	VI.	VII.
Degré Brix . . .	10°.5	10°.0	7°.2	5°.7	5°	2°	1°
Sucre	8.6	8.0	5.6	3.9	3	0.4	0.27
Coëfficient salin .	15.5	15.5	16.0	16.5	12.5	7.0	4.0
Idem de pureté . .	82	80	78	70	60	50	35
Température R[r]. .	50°	55°	60°	65°	55°	35°	20°

A l'inspection de ce tableau, on est frappé, à première vue, de la valeur excessivement faible des liquides contenus dans les vaisseaux-diffuseurs où l'épuisement s'achève. Il est évident que des jus de cette qualité ajoutés simplement, même à des jus de haute valeur, constitueraient une opération tellement irrationnelle qu'il ne peut venir à l'idée de personne de les utiliser dans cet état, en cours de fabrication. La présence de jus de bonne qualité dans les vaisseaux où l'épuisement est moins avancé montre que la diffusion offre une ressource nouvelle pour amener utilement à la cristallisation des liquides sucrés dont la teneur en matières étrangères provoquerait le rejet dans les méthodes usuelles de fabrication du sucre. Il est donc logique d'améliorer, par leur passage sur des cossettes fraîches, des jus qui se trouveraient éventuellement posséder une densité et une pureté de composition peu favorables à un travail rémunérateur.

Les Drs H. Reichard et W. Bartz ont résumé autrefois, dans la *Zeitschrift* de Berlin, la marche du travail de diffusion par le système ancien, beaucoup plus lent, qui obligeait à réchauffer les jus en cours de travail, avec addition d'une légère dose de chaux destinée à rendre le liquide alcalin et à le prémunir contre toute altération ou fermentation.

Voici ce tableau, utile à consulter pour mémoire. Les nombres de chacune des colonnes forment des séries décroissantes, dont la régularité témoigne d'un travail soigneusement réglé, à l'aide de matières premières d'une composition sensiblement constante. Il n'existe d'écart qu'aux chiffres du VI vaisseau, où l'on constate une dose anormale de substances entrées en solution.

La température *maxima* est celle du vaisseau récemment chargé.

TABLEAU V.

	DURÉE. — APRÈS.	TEMPÉR. CENT.	DENSITÉ.	DEGRÉ BHIX.	SUCRE.	AUTRES MATIÈRES DISSOUTES.	QUOTIENT de PURETÉ.
	heures.						
I	2,20	48°	1,04186	10,61	8,59	1,82	81,04
II	2,35	43°	1,02916	7,34	5,50	1,80	74,93
III	3,	34°	1,02042	5,17	3,70	1,47	71,56
IV	3,20	28°	1,01458	3,72	2,64	1,08	70,96
V	3,45	26°	1,01154	2,95	1,99	0,96	67,45
VI	4,	22°	1,00903	2,32	1,20	1,12	51,72
VII	4,20	21°	1,00664	1,71	0,86	0,85	50,29
VIII.	4,30	19°	1,00498	1,28	0,666	0,614	52,03
IX	4,55	17°	1,00370	0,96	0,448	0,512	46,66
X	5,15	15°	1,00277	0,71	0,232	0,478	32,67
XI	5,35	13°	1,00185	0,48	0,121	0,369	25,20
XII	5,55	11°	1,00134	0,34	0.041	0,299	12,06
Eaux			1,00120	0,31	0,027	0,293	8,70
			Résidus		0 016		

Le fait de l'emploi de la chaux en cours de diffusion, avant le moment où les jus arrivent au mesureur de la régie a été, comme on sait, la raison de la prohibition de ce système en Belgique jusqu'à ces dernières années. Non pas que le texte de la loi mit interdiction à l'emploi du système : mais la lenteur de l'extraction rendait, dans certains cas, nécessaire l'usage de la chaux ; or, l'usage de tout ingrédient chimique quelconque est strictement prohibé par la législation belge qui établit l'accise sur le poids spécifique des jus verts avant toute opération d'épuration.

Nous avons démontré, à cette occasion, que les règlements du fisc faisaient preuve, en cela, d'une rigueur que rien ne justifiait. Les doses homéopathiques de chaux incorporées dans les jus aux réchauffeurs, étaient incapables (les expériences officielles le reconnaissaient, d'ailleurs) d'opérer une défécation appréciable au densimètre des employés de la régie.

L'intérêt de l'industriel était même, dans l'espèce, la sauvegarde du fisc contre des agissements qui auraient eu pour objectif d'opérer, à l'aide de la chaux, une défécation préalable, en cours de diffusion, de nature à amener aux vaisseaux-mesureurs des jus dont la densité aurait été par là abaissée artificiellement, au détriment de la véritable prise en charge incombant à l'industriel. En effet, pour atteindre ce résultat, cette défécation clandestine en quelque sorte, il eut fallu faire emploi de doses de chaux relativement élevées; les jus chaulés, rentrant en circulation, eussent alors rapidement incrusté le tissu de la cossette et annihilé, du même coup, sa valeur alimentaire et le bénéfice du procédé lui-même.

Actuellement, la rapidité du travail rend entièrement inutile, nuisible même, l'emploi de tout antiseptique en cours de diffusion, et rien dans la législation ne fait plus obstacle à l'emploi du système.

Nous avons seulement remarqué (page 90) que l'industriel trouve encore une entrave anti-progressiste dans l'obligation qu'il subit de devoir abaisser la température des jus qui vont de la batterie aux cuves de défécation, alors que ces jus doivent, sitôt pesés par la régie, être portés de nouveau à la température de l'ébullition.

Le tableau de la composition des jus de diffusion est l'expression de cette constatation pratique que la qualité du jus de diffusion est supérieure à celle du jus fourni par tout autre mode d'extraction actuellement connu.

Nous ajouterons, résultat non moins extraordinaire, que la quantité de jus à retirer d'un poids donné de betteraves est aussi plus considérable par ce système que par tout autre. Il y a lieu de tenir compte de ce fait dans la supputation de la puissance de l'outillage de diffusion à construire pour un travail donné.

La densité des jus de diffusion admis aux vaisseaux de défécation varie habituellement entre 3°8 et 4°. Il est utile de rappeler à ce sujet ce que M. Mention a écrit dans l'excellente note sur le procédé de diffusion qu'il a présentée au Comité central des fabricants de sucre de France, dont il est membre, dans la séance du 25 février 1878.

« La quantité de jus extraite par la diffusion est de 95 à 96 pour 100 du jus primitivement contenu dans la betterave; cette quantité est représentée par un volume variant de 116 à 125 litres par 100 kil. de betteraves. — On voit donc qu'avec un poids donné de betteraves on obtient plus de jus qu'avec le système des presses. Cette question d'augmentation du volume des jus ayant déjà paru être, pour quelques-uns de nos fabricants, une grave objection à l'emploi de la diffusion, mérite quelques explications. — La betterave contenant en moyenne 96 pour 100 en poids de jus, la diffusion en extrait, comme il vient d'être dit, les 95 centièmes, soit, pour 100 kil. de betteraves, 91 k. 200 de jus pur. Si l'on suppose que le jus dans la racine marque 5°5 au densimètre, le poids du jus extrait représente 86 litres 44 de jus pur, à la densité de 105.5. Or, ce jus étant, par la dilution, amené au volume de 120 litres, la densité primitive sera donc modifiée dans la proportion de 86.44 à 120, soit 72 pour 100; ainsi, la betterave à 5°5 donnera 120 litres de jus à 3°96. On voit que cette densité du jus entrant dans le travail se rapproche de celle que donne l'emploi rationnel des presses hydrauliques. Si l'on doit travailler de la betterave très pauvre, il faut s'efforcer de réduire le volume du jus extrait pour l'avoir à la plus haute densité possible. En Autriche, où l'on travaille souvent excessivement vite avec de très petits diffuseurs, au nombre de 9 seulement, la quantité de jus tirée dépasse de beaucoup la proportion indiquée ici. Avec les betteraves pauvres de France, pour obtenir, avec une marche rapide, une densité satisfaisante et un bon épuisement des cossettes, il est à conseiller d'employer les batteries de 12 diffuseurs, comme cela est monté actuellement à la sucrerie de Tergnier. — Il ne faut donc pas accuser le procédé de diffusion de diluer les jus, mais reconnaître qu'il augmente le rendement en jus et par suite en sucre. Ainsi, dans les fabriques où la puissance des appareils d'évaporation est limitée, l'introduction de la diffusion influera sur la quantité de betteraves travaillée sans diminuer aucunement la quantité de sirop et de sucre produite par jour. »

Nous avons dit précédemment pour quels motifs il y a lieu de se méfier d'une unité de mesure aussi variable dans ses éléments que l'est l'hectolitre de jus obtenu au mesureur : nous ne prendrons donc point là notre base, mais nous dirons, d'une manière générale, que pour être sûr de n'éprouver aucun gêne dans le travail, il est prudent de calculer toutes les capacités aux diverses phases de la fabrication, à vingt pour cent au-dessus de ce que nécessite le travail quotidien d'une égale quantité de betteraves dans les établissements montés par pression hydraulique.

Nous avons entendu faire l'objection que les rendements en jus n'ont pas, pour l'estimation de la valeur d'un procédé, toute la signification qu'on prétend leur attribuer et que la supériorité d'un procédé d'extraction sur un autre doit être décidée en prenant pour *criterium* la masse cuite obtenue.

Cette objection, pour être sérieuse, doit partir de ce point que des betteraves d'une qualité donnée fournissent des masses cuites en raison directe de la valeur du procédé d'extraction auquel on a recours. A première vue, il est aisé de s'y méprendre. Le travail ultérieur d'épuration des jus est sensiblement de même apparence partout. La chaux, le gaz carbonique, le charbon d'os, tels sont les agents d'épuration universellement en usage : la carbonatation, la filtration, la concentration des jus sont des opérations dont les modifications pratiques échappent aisément à l'appréciation de l'industriel. Mais ici les apparences sont trompeuses : en effet, si tous les industriels ont à leur disposition les mêmes agents épurants, les mêmes ustensiles, les mêmes procédés, il s'en faut que tous en tirent un parti identique. La qualité de la chaux, la dose de cet alcali, la durée du contact, les températures auxquelles on maintient le jus chaulé, sont, par exemple, autant de conditions qui font varier le mode et les résultats du traitement manufacturier : ces conditions ne sont, pour ainsi dire, jamais réalisées d'une façon identique dans deux usines.

Il en est de même pour les éléments caractéristiques de chacune des opérations que l'on fait subir au jus; le choix judicieux des méthodes, le soin, la régularité et la précision qu'on apporte à les appliquer, à contrôler chaque opération en détail comme aussi l'ensemble du travail, à stimuler l'initiative et la diligence du personnel, enfin mille et une circonstances concourent à constituer pour chaque usine un type offrant de sérieuses dissemblances avec celui de l'usine voisine. Il suit de là qu'il n'est pas rare de constater des résultats opposés dans des établissements qui paraissent opérer dans des conditions économiques similaires.

La masse cuite ne peut servir de *criterium* du traitement industriel que pour autant qu'on l'envisage dans son ensemble; c'est l'expression finale de toutes les circonstances, de tous les facteurs du travail. Or, quelques-unes de ces circonstances peuvent présenter des variations aussi importantes que celles qu'on note dans les procédés d'extraction eux-mêmes. En résumé, il n'est logique de conclure d'une augmentation des produits fabriqués à la supériorité du procédé d'extraction que pour autant qu'on opère d'une façon strictement identique à toutes les phases du travail et qu'on soit à l'abri de toute cause d'erreur attribuable, soit à la matière première, soit à une manipulation quelconque de la fabrication proprement dite. Le raisonnement inverse est également vrai. Il ne suffit nullement qu'un système d'extraction du jus soit réellement supérieur pour que cela autorise à conclure à une augmentation proportionnelle de la quantité de masse cuite, à moins que toutes les phases du traitement manufacturier ne soient, en quelque sorte, à la discrétion de l'industriel et qu'il ne puisse en garantir la marche : il serait téméraire à un industriel de raisonner de la sorte *a priori*, car une fabrique de sucre est un véritable laboratoire où surgissent à tout moment des difficultés ou des variations dans les opérations en cours, variations dont l'influence se fait sentir sur le rendement définitif, et dont conséquemment il y a constamment lieu de tenir compte.

Cela étant, le seul moyen de reconnaître l'efficacité d'un procédé d'extraction réside dans l'examen et la comparaison de la matière première avec les jus et pulpes qui en dérivent. Or, tous ceux qui, depuis quinze ans, ont entrepris cet examen et cette comparaison, en ce qui regarde les jus et pulpes obtenus par voie de diffusion, ont aisément acquis leurs apaisements sur la haute valeur de ce système.

Il est utile d'être fixé sur la *quantité de résidu*, marc épuisé de la betterave, que procure le travail de diffusion. On l'estime généralement, en France et en Belgique, à 35 p. % du poids de la betterave : cette pulpe ou cossette désucrée renferme environ 10 p. % de matières solides, lorsqu'on a éliminé, par l'action énergique de presses spéciales, l'excès d'eau d'interposition. On admet généralement que les cossettes, au sortir des vaisseaux diffuseurs, renferment la moitié seulement, soit 5 p. %, de substances solides ; ce résidu, avant sa repression, forme environ 70 p. % du poids des racines dont il provient. Il y a corrélation complète entre ces divers chiffres : 0.05 × 70 = 0.10 × 35.

Manifestement ces chiffres reposent sur l'hypothèse que la pulpe de diffusion (au sortir des presses Kluzeman) renferme toutes les substances solides contenues dans le magma sortant du diffuseur mis en vidange. En d'autres termes, le travail de pressages réaliserait parfaitement le but théorique : il y aurait simple élimination d'eau.

Pour reconnaître que ce chiffre de 70 % de Schnitzels est hypothétique, il suffit d'observer que les cellules de la betterave coupée en lanières, tout en cédant, lors de la diffusion, les matières solides qu'elles renferment, se gonflent considérablement en absorbant une quantité notable d'eau. D'autre part, cette eau d'imbibition s'égoutte en partie pendant la vidange : il est conséquemment difficile de reconnaître, au juste, dans quelles limites la matière première a varié en poids dans ces manipulations.

En Allemagne, où la racine sucrière est généralement beaucoup plus riche que dans notre pays, elle abandonne environ 13 à 17 p. % de son poids à la diffusion. On estime à 95-98 kilog. le poids des cossettes épuisées que fournit le travail de cent kilogrammes de betteraves allemandes.

En France et en Belgique, on travaille fréquemment des racines qui cèdent à la diffusion 10 p. % de leur poids en matières solides, dont la composition est sensiblement la suivante :

Sucre	8.50
Matières étrangères.	1.50
Total des matières solides extraites. . .	10.00

Ces matières solides sont des substances solubles : le marc de la betterave renferme, en outre, environ 5 p. % de matières insolubles ou peu solubles, ligneuses, formées essentiellement de cellulose unie à des proportions variables de substances diverses. En admettant le départ pur et simple de 10 p. % de matières solubles, il reste, après diffusion, cinq parties de substances sèches en présence de 90 parties d'eau : soit 5,26 p. % de matières sèches dans les cossettes au moment de la vidange des vaisseaux-diffuseurs. Par suite de fixation d'eau dans la membrane des lanières, la quotité des substances solides dans les schnitzels épuisées n'est que de 4 à 5 p. %. Arrêtons-nous au chiffre moyen de 4 1/2 p. %.

La teneur réelle en matières solides est égale à 4.50 × 0.90, soit 4.05. La teneur calculée plus haut étant de 5.26, la perte sera égale à la différence entre ces deux nombres, soit 1.21 p. %.

Si la quotité des schnitzels descendait à 70 p. %, nous aurions, de même, les relations :

$$4.50 \times 0.70 = 3.15$$
$$5.26 - 3.15 = 2.11 \text{ p. } \%.$$

Nous n'avons jamais été mis à même de constater une perte de ce genre, dépassant 2 p. % du poids de la matière première. Habituellement, la masse que représente l'échantillon analysé au sortir du diffuseur se trouve approximativement donnée par la relation :

$$4.50 : 5.26 = 100 : x$$
$$x = 115 \text{ p. } \%$$

environ du poids de la betterave.

Que devient cette masse ramenée à la teneur de 10 p. % de matières sèches? — Dans le cas où cette modification dans la teneur serait obtenue par un procédé de nature à parer à toute perte, il est clair que l'on recueillerait, dans notre exemple, 51.75 p. c. de pulpe du poids de la betterave. Si l'on ne retrouve plus que 35 p. % de pulpe, on conclut que la perte en matières solides, lors de la compression aux presses Kluzeman, est de 10 p. % environ. Au lieu d'enlever uniquement l'excès d'eau, la pression élimine en même temps certaines autres substances.

Il est à peine nécessaire d'ajouter que les conditions de rapidité et d'énergie de la pression exercent une influence considérable sur l'importance de ces pertes, et que celles-ci ne peuvent être reconnues et évaluées qu'en se livrant à la constatation exacte de la quotité de pulpes recueillies à la sortie des presses.

En d'autres termes, l'évaluation du poids des pulpes et des pertes, en prenant pour base l'hypothèse d'une quotité invariable de schnitzels épuisées, est sujette à caution. C'est là un point qu'il ne faut pas perdre de vue dans l'étude du tableau VI, relatif à la composition des pulpes avant et après leur compression.

TABLEAU VI.

Composition des cossettes de diffusion avant pression.

Eau	96,10	95,91	95,97
Matières solides	3,40	4,09	4,03
Sels	0,28	0,30	0,31
Sels °/o de la betterave	0,336	0,33	0,32

Composition des cossettes de diffusion sortant des presses Kluseman.

Eau	90,60	89,70	89,25
Matières solides	9,40	10,30	10,75
Sels	0,55	0,49	0,47
Sels °/o de la betterave	0,24	0,20	0,19

De même que la matière première et les jus du mesureur, les pulpes des presses Kluzemann doivent être évaluées avec toute la précision possible si l'on veut posséder les éléments d'appréciation des pertes et établir un contrôle sérieux du procédé.

Nous aurons probablement l'occasion, dans un travail ultérieur, de nous étendre sur le point spécial du procédé, en passant en revue les spécimens divers de presses ou autres engins destinés à éliminer l'eau des cossettes après leur diffusion. Nous nous bornerons à faire remarquer ici que la valeur alimentaire de ces résidus, proportionnelle à la quotité des matières solides qu'on laisse dans la cossette, variera avec l'intensité et la durée de la compression. Cette valeur est abaissée dans une forte proportion par le fait d'une pression exagérée. Il y a conséquemment une limite au-dessus de laquelle la pression devient nuisible et à la quantité et à la qualité du résidu : il est préférable, à ce point, de laisser dans la cossette épuisée un excès d'eau, quitte à corriger, par l'addition de substances appropriées, l'inconvénient que cette humidité du produit peut présenter au point de vue d'une alimentation rationnelle du bétail. Il va sans dire que le prix de vente du résidu doit aussi être loyalement établi en raison de sa teneur plus ou moins grande en eau.

Le Dr Seyfert, lors d'expériences exécutées à l'établissement de Bautheim, trouva pour les quantités respectives de matière solide conservées dans les cossettes, suivant qu'on réglait la pression de manière à obtenir 75 ou 70 p. % de résidu, les chiffres suivants :

	à 75 p. %	à 70 p. %
Matières sèches . .	6.91 p. %	4.78 p. %
Sels minéraux . .	0.59 »	0.50 »
Azote	0.09 »	0.08 »
	7.59	5.36

Ces analyses tendent à démontrer qu'il n'est pas désirable, au point de vue des intérêts agricoles, de pousser trop loin l'exsication amenée par la pression des résidus. Au-delà d'une certaine limite, on perd trop de substances nutritives par le départ des dernières parties d'eau.

Pour apprécier l'économie de salaire apportée par le procédé de la diffusion, il suffira de comparer le coût de l'extraction dans les usines marchant par pression hydraulique avec le salaire global des ouvriers desservant le coupe-racine, la batterie et les presses à cossettes.

M. Schöttler, dans la *Zeitschrift* (mai 1867), estimait ces derniers frais à fr. 27.25 par 100.000 kilogrammes de travail dans une usine allemande outillée, l'année précédente, par les presses hydrauliques et dont nous reproduisons le compte-salaire pour l'extraction. Cette somme de fr. 27.25 comprend la rémunération de certains ouvriers supprimés par les perfectionnements de la méthode, tels que les hommes aux réchauffeurs, ceux du service des waggonets d'alimentation, ceux préposés à la vidange. Dans l'exemple ci-dessus, la dépense serait actuellement abaissée de 50 % au moins ce qui ferait, à l'avantage du procédé de diffusion, un écart d'environ 90 francs par jour au poste de l'extraction.

Il sera aisé à un chacun de résoudre le problème en y intercalant les données propres aux conditions où il est appelé à opérer.

On tombe aisément dans l'erreur lorsqu'on se hâte d'appliquer les données de résultats isolés à tous les établissements similaires, qui paraissent opérer dans des conditions semblables. Il faut surtout se méfier des classifications *par région*, trop à la mode pour tout ce qui a trait à l'industrie du sucre.

Nous avons consigné dans les tableaux VII, VIII, IX, X, XI et XII (pages 120-122) le coût détaillé de la main-d'œuvre, au poste de l'extraction du jus, tel que nous l'avons relevé dans diverses fabriques de sucre belges, outillée aux presses hydrauliques. Ces chiffres se rapportent à des exemples où la production de jus (calculée sans addition d'eau) varie de 75 à 80 % du poids de la betterave. Indépendamment de la main-d'œuvre et en supposant une matière première identique, la quantité de sucre introduite en fabrication par le jus des presses, présente d'une usine à l'autre des écarts de 30 à 50 mille kilogrammes de sucre par campagne. Cette différence est naturellement accentuée par les variations, plus importantes encore, que présente la composition même des betteraves. On peut dire, à certains égards, qu'un travail d'extraction de jus peu soigné revient à opérer sur une matière première pauvre; la quantité de betteraves nécessaires à la production de l'unité de sucre s'élève, en effet, à mesure que l'extraction laisse à désirer.

TABLEAU VII.

Atelier de presses.

Usine allemande travaillant 100,000 kilogr. par jour.

POSTES DIVERS.	PAR DEMI-JOURNÉE.
Balance du fisc et transport à la râpe. . . .	4 00
Jetteurs à la râpe	4 00
Puiseurs de bouillie	3 00
Faiseurs de paquets	16 80
Poseurs »	11 40
Retireurs »	6 00
Services secondaires	15 44
Maître presseur	1 98
(Schöttler).	62 62

Soit fr. 125-24 par 100,000 kilogr. de betteraves râpées, ou fr. 1-25 par tonne.

TABLEAU VIII.

Atelier de presses.

Usine belge travaillant 70,000 kilogr. par jour.

MATÉRIEL : Râpe simple à deux sabots et un pelleteur; deux tables tournantes; six presses hydrauliques sans pression préparatoire.

		SALAIRE.	SALAIRE TOTAL.
PERSONNEL :	1 pompier	1 20	1 20
	1 râpeur	2 30	2 30
	2 puiseurs de bouillie . . .	3 30	6 60
	2 poseurs de claies	3 30	6 60
	2 presseurs	3 30	6 60
	1 tireur de sacs	1 30	1 30
	8 gamins secoueurs, etc. .	1 00	8 00
	4 laveuses raccomodeuses .	1 20	4 80
	Total du salaire par brigade		37 40

Soit fr. 70 00 par 70,000 kilogr. de betteraves râpées, ou fr. 1-06 par tonne.

TABLEAU IX.

Atelier de presses.

Usine belge travaillant 100,000 kilogr. par jour.

MATÉRIEL : Râpe simple à trois sabots et deux pelleteurs; deux presses préparatoires; huit presses hydrauliques.

		SALAIRE.	SALAIRE TOTAL.
PERSONNEL :	1 mécanicien-surveillant . .	4 00	4 00
	1 pompier	1 50	1 50
	1 râpeur , ...	1 50	1 50
	2 puiseurs de bouillie . . .	2 50	5 00
	2 poseurs de claies	2 50	5 00
	5 presseurs	5 00	25 00
	Secoueurs, brouetteurs, etc.		12 50
	Laveuses, raccomodeuses		6 00
	Total du salaire par brigade		60,50

Soit fr. 121-00 par 100,000 kilogr. de betteraves râpées, ou fr. 1-21 par tonne.

TABLEAU X.

Atelier de presses.

Usine belge travaillant 120,000 kilogr. par jour.

Matériel : Râpe à trois sabots et deux pelleteurs; deux tables tournantes; huit presses hydrauliques sans pression préparatoire.

		Salaire.	Salaire total.
Personnel :	1 pompier	1 50	1 50
	1 râpeur	1 00	2 00
	2 puiseurs de bouillie . . .	5 00	10 00
	2 poseurs de claies	5 00	10 00
	3 presseurs	5 00	15 00
	2 tireurs de sacs.	1 50	3 00
	Secoueurs, brouetteurs		12 00
	Laveuses, raccomodeuses		8 00
			61 50

Soit fr. 123-00 par 120,000 kilogr. de betteraves râpées, ou fr. 1-02 par tonne.

TABLEAU XI.

Atelier de presses.

Usine belge travaillant 150,000 kilogr. par jour.

Matériel : Râpe à trois sabots et deux pelleteurs; deux presses préparatoires; huit presses hydrauliques.

		Salaire.	Salaire total.
Personnel :	1 mécanicien-surveillant . .	4 00	4 00
	2 pompiers.	1 80	3 60
	2 puiseurs de bouillie . . .	3 20	6 40
	2 femmes tendant le sac . .	2 20	4 40
	4 poseurs de claie	4 50	18 00
	4 presseurs	4 50	18 00
	2 tireurs de sacs.	3 25	6 50
	2 porteurs	2 20	4 40
	8 secoueurs, brouetteurs . .	1 50	12 00
	2 lavandières	1 50	3 00
	Total du salaire par brigade		80 30

Soit fr. 160-60 par 150,000 kilogr. de betteraves râpées, ou fr. 1-07 par tonne.

TABLEAU XII.

Quantité de betteraves nécessaire pour produire 1000 kilogr. de sucre.

A.	KIL. 12000	KIL. 13000	KIL. 14000	KIL. 15000	KIL. 16000	KIL. 17000	KIL. 18000	KIL. 19000	KIL. 20000
	Dépense correspondante en main-d'œuvre au poste de l'extraction (°°/₀₀ k. sucre).								
F. C.									
0 95	12 40	12 35	13 30	14 25	15 20	16 15	17 10	18 05	19
1 00	12	13	14	15	16	17	18	19	20
1 05	12 60	13 65	14 70	15 75	16 80	17 85	18 90	19 85	21
1 10	13 20	14 30	15 40	16 50	17 60	18 70	19 80	20 90	22
1 15	13 80	14 95	16 10	17 25	18 40	19 55	20 70	21 85	23
1 20	14 40	15 60	16 80	18	19 20	20 40	21 60	22 80	24
1 25	15	16 25	17 50	18 75	20	21 25	22 50	23 75	25

Les chiffres de la col. A représentent le coût de la main-d'œuvre au poste de l'extraction du jus estimée par 1000 kilogr. de betteraves.

On remarquera que le tableau des variations du coût de l'extraction du sucre est identique, en quelque sorte, avec celui figurant dans les traités de fabrication sous la rubrique : rendements relatifs de betteraves d'inégales richesses en sucre extractible. Quelle que soit la cause qui entraîne le déficit de la fabrication, l'effet est le même et, conséquemment, un tableau analogue rend raison des pertes subies à telle ou telle phase du travail industriel. Suivant que ces différentes causes de pertes agissent isolément ou s'ajoutent, la situation de chaque industriel se trouve essentiellement modifiée : il en résulte qu'au point de vue de la production économique du sucre toute perte (qu'elle soit simplement accidentelle ou non), peut être envisagée comme affectant le rapport entre la *matière première* et *le produit fabriqué*. Tous les calculs qui ne sont pas basés sur ce rapport sont sujets à caution.

Il est difficile de renseigner *a priori* le fabricant sur le mode préférable pour travailler les jus de diffusion : le genre de défécation par la chaux et par le gaz dépend lui-même du système qui aura été suivi pour opérer l'extraction du jus et l'on sait que la pratique, en ce point, varie beaucoup d'un pays à un autre, voire d'un établissement à un autre.

Les jus de diffusion accusent à l'analyse une grande pureté : mais le rendement industriel n'est pas absolument et toujours en raison de cette pureté. Ces jus se travaillent moins aisément que les jus provenant d'une pression hydraulique soignée, telle qu'on la pratique dans la plupart des usines allemandes utilisant encore aujourd'hui ce système. Le jus de diffusion renferme, il est vrai, une faible quotité de matières albumineuses; mais ces matières sont apparemment de nature assez malignes (qu'on nous permette ce mot), car elles amènent la production d'une quantité de mélasse assez considérable, dépassant la quotité considérée comme normale dans les procédés d'extraction par pression hydraulique.

La faible proportion d'albumine en solution dans les jus diffusés a spécialement pour inconvénient de rendre difficile sinon impossible la défécation du jus vert par la chaux seule.

On sait que cette opération est plus ou moins analogue à celle qui amène la clarification des vins crus par le collage. Dans la défécation, le magma calcaire qui se sépare du liquide éclairci doit surtout sa production à la coagulation de l'albumine dans la masse du jus, porté graduellement à la température de l'ébullition. Ce réseau de matière azotée, concrétionnée par la chaleur, est entraîné lentement vers la surface du liquide et débarrasse celui-ci de l'excès de chaux et des matières végétales en suspension. La chaux, dont l'action alcaline et caustique est excitée par la haute température, modifie, en outre, les propriétés des substances azotées ou autres restées en solution et les rend susceptibles de subir ultérieurement, avec fruit, l'action des agents d'épuration, tels que le charbon de filtration.

En l'absence d'une dose suffisante de ces matières albumineuses, éléments générateurs d'une clarification, en quelque sorte, mécanique au sein des jus, on est donc obligé de traiter les liquides de diffusion par l'un ou l'autre des procédés utilisant simultanément, dans un même vaisseau, l'action épurante de la chaux et du gaz carbonique. (Methode Frey et Jelineck plus ou moins modifiée. — Procédé de double carbonatation, Perier-Possoz, etc.)

Le succès et le rendement de ces procédés de carbonatation sont étroitement liés à la manière dont a été conduite la diffusion elle-même des jus avant leur travail par la chaux. L'ébullition calcique, c'est-à-dire, le maintien des jus chaulés puis saturés à une haute température avant leur introduction aux presses-filtres et aux vaisseaux de filtration est hautement recommandable dans le traitement de ces jus comme de tous autres.

Le traitement des jus de diffusion ne présente aucune particularité saillante, soit lors de leur filtration, soit lors de l'évaporation et de la cuite de ces liquides. Même remarque à l'égard du titrage,

En ce qui regarde le rendement, il y a à considérer deux choses : le rendement en jus et le rendement en sucre.

En comparant le système de double pression hydraulique (manière allemande) et le système de diffusion, l'avantage reste à ce dernier système qui fournit une plus grande quantité de jus et laisse un peu moins de sucre dans le résidu. Cette perte dans les résidus n'est d'ailleurs que de quelques dixièmes (0.2, 0.3, 0.5) par l'un ou l'autre procédé.

Relativement au mode de pression hydraulique usuel en France et en Belgique, où la perte en sucre atteint jusqu'à 1.5 et 2.00 du poids de la betterave, le système de la diffusion constitue un progrès énorme, il procure une quantité de jus beaucoup supérieure à celle que donne la simple pression hydraulique. Mais une certaine partie de sucre extraite en sus n'est obtenue qu'à l'état de mélasse, circonstance qui abaisse la valeur du système et doit engager à lui donner comme complément l'un ou l'autre des systèmes usités pour retirer le sucre des mélasses.

Comme nous l'avons fait observer déjà les jus de diffusion sont plus purs que ceux de pression : mais ces derniers procurent un rendement industriel mieux en rapport avec leur composition chimique, ou leur pureté apparente, que ne le font les jus de diffusion. En d'autres termes, les sirops venant de jus diffusés devraient, eu égard à la haute pureté initiale qu'ils présentaient à l'analyse, donner plus de sucre cristallisé. Ceci prouve, entr'autres, que les chimistes sont encore peu édifiés sur la nature de ces liquides spéciaux, les éléments qui les constituent et l'influence propre de chacun de ces éléments sur la cristallisation finale du sucre : cela prouve aussi qu'on a tort d'appliquer sans restriction aux jus de diffusion les raisonnements énoncés au sujet des jus de pression hydraulique, surtout en ce qui concerne leur composition chimique et leur rendement industriel. Ce serait verser dans une erreur analogue, en matière de fabrication d'alcools, que de raisonner d'une manière identique du rendement de moûts de grains, de mélasse, d'autres substances, sans tenir compte de la variété de nature de ces liquides alcooliques.

L'emploi de la chaux, à titre d'antiseptique, dans le cours de la diffusion était assez fréquent à l'origine de la méthode : il a presque complètement disparu et l'usage des calorisateurs interposés dans la batterie a supplanté également celui des vaisseaux découverts où se faisait couramment le chauffage des jus et accidentellement leur chaulage.

On a rarement observé en Allemagne de fermentation malsaine dans les jus de diffusion non chaulés : les altérations, d'ailleurs très-rares, qu'on a pu observer au poste de l'extraction provenaient, assure-t-on, de causes dont chacun peut aisément se rendre compte, comme une pourriture exceptionnelle des racines, l'emploi d'eaux rendues fétides par la présence des matières organiques en décomposition, etc. On peut affirmer qu'aucun inconvénient ce genre n'est à craindre dans un travail normal, propre et accéléré, même lorsqu'on fait emploi de betteraves de qualité inférieure.

Il ne faut pas conclure d'un jus acide à un jus altéré, tant s'en faut.

Pour rassurer à cet égard nos fabricants, nous leur citerons l'exemple des praticiens allemands qui, fidèles à la pieuse coutume du repos dominical, cessent le travail d'extraction le dimanche pour le reprendre le lundi. Cette interruption du travail se présente dans les conditions les plus défectueuses à première vue; on maintient remplis tous les vaisseaux-diffuseurs qui renferment des jus à une température moindre que 20°. Malgré cette condition en apparence périlleuse, le travail du lundi se fait bien et l'on ne s'aperçoit nullement que les jus aient subi la moindre altération, ni que leur rendement fléchisse : ils marquent rouge au papier de tournesol, mais l'acidité ne nuit pas au travail et n'est pas le fait de l'altération du sucre.

La durée totale de l'opération est chose difficile à fixer d'une manière générale. Cette durée peut servir à caractériser deux types extrêmes de la méthode. En Allemagne, où l'on travaille lentement et à froid en vue de retirer tout le sucre possible d'une cossette riche qui a payé l'impôt, la diffusion dure, au *maximum* quatre heures, et généralement deux à trois heures, suivant le genre et la puissance de la batterie employée.

En Autriche, où le fabricant vise avant tout à diffuser le plus grand volume de jus possible à l'aide d'un outillage donné, le temps de la diffusion est beaucoup moindre : on cite des usines où l'extraction se pratique en 23 minutes.

Il y a exagération dans l'un et l'autre sens et tout porte à croire que c'est ici le cas de rappeler le précieux conseil adressé au jeune Icare par la prudence paternelle :

medio tutissimus ibis.

Le fabricant belge ne payant, en effet, l'accise que sur le jus et non sur la betterave, n'a pas un intérêt aussi puissant à épuiser radicalement la cossette si cet épuisement à fond doit l'amener à prolonger outre-mesure la durée et le coût de l'opération. Quant au fabricant autrichien, ce n'est plus une diffusion qu'il pratique mais bien un système hybride, anti-rationnel, auquel on ne pourrait même appliquer le nom de macération.

Nous avons tenu à bien définir le phénomène de diffusion et les conditions rationnelles de son application à l'extraction des sucs de la betterave dans la crainte de voir nos industriels chercher chez nos voisins d'outre-Rhin des leçons vicieuses en cette matière. De l'avis des savants allemands, gardiens des saines traditions, l'Allemagne et l'Autriche présentent, en effet, à la date actuelle, un véritable gachis en fait de diffusion : on y compte par douzaines les procédés nouveaux de diffusion où l'on ne suit plus aucun des jalons posés à l'origine par les promoteurs du système. La diffusion du mode autrichien est tout spécialement à ne pas imiter dans nos pays où l'on travaille une betterave moins bonne et où l'industriel n'a pas à se préoccuper avant tout comme son collègue de l'Autriche, d'atteindre par un véritable *steeple-chase*, aux primes qu'un travail rapide lui promet de par la législation.

Nous terminerons cet aperçu sur le travail de diffusion en résumant une intéressante monographie publiée par notre savant confrère, M. Durin, à la suite d'un séjour dans une usine française marchant par diffusion, durant la campagne dernière.

Plusieurs des tableaux analytiques publiés dans cette instructive notice se rapportent au travail d'usines de diffusion de la Flandre belge.

Les données citées par l'auteur et les appréciations dont elles sont accompagnées empruntent un poids spécial à cette circonstance qu'elles ont trait au travail d'établissements dont les conditions de fabrication représentent assez bien la situation normale des usines de diffusion qui viendraient à s'établir en France et en Belgique; tandis que les renseignements des publications autrichiennes ou allemandes proviennent d'établissements où le régime fiscal, la matière première et l'ensemble des conditions économiques diffèrent sensiblement des notres.

M. Durin part de l'analyse comparative de 90 betteraves, prises successivement pendant le chargement de douze diffuseurs, et de jus obtenu dans douze bacs mesureurs. La quantité de betteraves employée a été de 13.656k, soit par diffuseur : 1.138k. La batterie comptait dix diffuseurs de 22 hectolitres. Jus diffusé recueilli = 12 bacs de 13h.75, ci 165 hectolitres. Quantité de betteraves par hectolitre de jus : 82k.750. D'où le tableau :

TABLEAU XIII.

	BETTERAVES.	JUS DES BACS JAUGEURS.
Degré Brix	12.40	8.73
Densité du jus	5°.05	3°.50
Extrait sec (par décilitre de jus) . . .	12.02	8.22
Sucre par décilitre de jus	9.82	7.02
Sucre pour 100 grammes de jus . . .	9.35	6.78
Sucre pour 100 grammes de betteraves.	9.06	8.50
Cendres par décil. de jus (dédn 2/10) .	0.976	0.512
Matières organiques par décil. de jus .	1.224	0.687
Glucose » » »	0.435	0.254
Quotient de pureté conventel. Brix. .	74.900	77.930
» » réel par extr. sec .	81.690	85.40
Coefficient salin	10.060	13.71
» organique	8.020	10.23
» glucosique	22.50	27.63

« Il ressort d'abord de ce tableau comparatif que le sucre entré en fabrication a été par :

100 kilogr. de betteraves de 9.06

et que le sucre retrouvé dans les bacs jaugeurs après diffusion, a été de 8.50

D'où : *Perte* totale dans les cossettes et dans les eaux perdues, par cent kilogr. . . . 0.56

On remarque, ensuite comme confirmation des essais précédents, que le jus de diffusion est en tous points plus pur; que les coefficients salin, organique et même glucosique sont plus élevés que dans le jus de diffusion. Non-seulement, il n'y a pas eu d'altérations glucosiques, mais la glucose paraît être comme les sels et les matières organiques, plus ou moins retenue par les cossettes.

La perte à l'extraction par la diffusion, établie par la comparaison du sucre contenu dans la betterave, et par le sucre contenu dans le jus recueilli est, comme nous l'avons vu, par 100 kilog. de betteraves de 0.56.

Il nous reste à confirmer cette perte par l'analyse des eaux perdues et des cossettes épuisées.

La contenance des diffuseurs étant de 22 hectolitres et la quantité de betteraves par diffuseur étant de 1.138 kilog. de betteraves, on peut admettre que l'eau contenue dans chaque diffuseur, au moment de la vidange, est de 11 hectol., c'est-à-dire autant d'eau que de betteraves sensiblement.

Or, cette eau contient : sucre 0.17
La pulpe non pressée (70 % environ du poids de la betterave) est envoyée aux presses Klusemann, où elle perd 35 parties d'eau : soit conséquemment 35 % du poids de la betterave.

Cette eau donne :

Degré Brix		0.70
Densité.	(1002)	0.20
Sucre par décalitre		0.36

Soit p. % kil. de betteraves $\frac{0.36 \times 35}{100} =$ 0.126

Sucre contenu dans l'eau de chaque diffuseur, au moment de la vidange . .	0.170
Perte dans les eaux perdues	0.296

Les cossettes pressées (35 % du poids de la betterave) contiennent :

Sucre p. % (par saccharimètre, tube de 0.50 c.).	0.641

ANALYSE COMPLÈTE :

Eau.	90.25	100.00
Matière sèche	9.75	
Sucre	0.641	9.75
Cendres	0.570	
Matières organiques . . .	8.539	

Coefficient salin : 1.12.

Le coefficient salin si faible des cossettes épuisées confirme l'amélioration du cofficient salin du jus de diffusion.

Perte de sucre dans les cossettes pressées,

betteraves $\frac{0.641 \times 35}{100} =$ 0.224

Perte dans les eaux 0.296

Perte totale. 0.520

Si l'on calcule les pertes par la densité des jus de betteraves et par celle des jus de diffusion, en tenant compte des volumes comparatifs, la perte est de 0.43

En résumé : la perte reconnue par la comparaison du sucre entré en diffusion et du sucre sorti est de 0.56

La perte trouvée par l'analyse des eaux perdues et des cossettes est de 0.52

La perte par calcul 0.43

On peut donc de ces trois résultats, admettre que la perte par la diffusion est de 0.50 à 0.55 du poids de la betterave.

Il convient de faire observer que la perte à l'extraction par la diffusion, peut être encore diminuée, si comme on le fait dans quelques usines, on renvoie par pression d'air l'eau du diffuseur épuisé dans le suivant, au lieu de la perdre.

Dans ce cas, la perte en sucre serait de 0.17 inférieure au chiffre ci-dessus; elle ne serait plus dans ce cas que de 0.35 à 0.40.

M. Durin passe ensuite à l'examen synoptique du travail de diffusion, qu'il synthétise dans le tableau suivant :

TABLEAU XV.

Analyse complète des jus de chacun des diffuseurs.

	Nº 2	Nº 3	Nº 4	Nº 5	Nº 6	Nº 7	Nº 8	Nº 9	Nº 10
Densité	1.035	1,031	1,019						
Eau	95,64	96,44	97,87						
Sucre cristallisable	6,103	4,985	3,008	1,460	0,286	0,257	0,114	0,143	0
Glucose préexistante	0,638	0,578	0,490	0,550	1,078	0,327	0,389	0,144	0,123
Sucre total (essai direct)	6,699	5,973	3,490	2,074	1,122	0,654	0,465	0,291	0,128
Cendres	0,558	0,486	0,285	0,189	0,156	0,096	0,079	0,051	0,049
Matières organiques	0,603	0,201	0,255	0,197	»	»	»	»	»
Coefficient salin	12,00	12,29	12,23	10,97	7,19	6,81	5,88	5,70	2,61

« Les coefficients salins des nos 2, 3 et 4 peuvent être considérés comme identiques, les faibles écarts pouvant entrer dans les pertes d'analyse.

» La densité, l'eau, l'extrait sec, ainsi que les matières organiques des eaux faibles n'ont pas été indiqués sur ce tableau, car ces déterminations deviennent incertaines sur d'aussi petites quantités, et les quotients de pureté qu'on en pourrait déduire seraient sans importance; en effet, ces quotients de pureté varieraient extrêmement pour la moindre différence ou erreur de dosage sur le sucre ou sur l'eau.

En résumé, le but de ces analyses est de déterminer le rapport du sucre aux cendres, pour apprécier l'action osmotique des cossettes; et ces deux dosages ne présentent pas d'incertitudes, le sucre ayant été dosé trois fois.

L'examen du tableau précédent nous montre qu'il y a une action osmotique réelle du sucre, supérieure à celle des sels; et que ceux-ci sont retenus par les cossettes les moins épuisées. Au fur et à mesure que l'épuisement avance, les cossettes, qui s'étaient chargées de sels, les abandonnent peu à peu, et ces sels sont réabsorbés par les cossettes les plus fraîches dans les premiers diffuseurs.

Contrairement à ce qui a été, pensons-nous, avancé déjà, nous avons reconnu une décroissance régulière, dans le même sens, du coefficient salin, et nous n'avons pas remarqué de point intermédiaire plus élevé que le point terminal. Sans nous appuyer sur cette divergence, nous nous bornerons à faire observer que la régularité des oscillations osmotiques est plus normale que l'irrégularité; lorsque la densité du liquide contenu dans les cellules se rapproche de celle de l'eau, ou plutôt lorsque le sucre à osmose disparaît, il se produit une action d'équilibre plutôt que d'osmose qui tend à donner une unité de composition à l'eau et à la cossette, et les sels retenus d'abord se diffusent ensuite. Un exemple de ce fait se présente dans la filtration au noir animal. Le noir, qui d'abord absorbe par une force quelconque les impuretés du sirop, abandonne une partie de ce qu'il avait absorbé, lorsqu'on le lave à l'eau. Dans l'osmose des mélasses, les proportions relatives de sucre et de sels dans les eaux d'exosmoses varient avec la densité de la mélasse; plus la mélasse est faible ou affaiblie, plus le sucre diffusé augmente. »

Nous donnons encore le tableau analytique des jus de chacun des diffuseurs d'une batterie dont les vases mesuraient 45 hectolitres chacun; ces dimensions ne nous paraissent pas devoir être dépassées avec avantage.

TABLEAU XVI.

Batterie de 10 diffuseurs de 45 hectolitres chacun.

Jus pris à chaque diffuseur, le vendredi 20 décembre 1878, à onze heures du matin :

NUMÉROS DES DIFFUSEURS.	1.	2.	3.	4.	5.	6.	7.	8.	9.
Degré Brix	10,8	10,4	8,10	6,10	4,70	3,30	La quantité de liquide était trop faible dans ces deux échantillons pour prendre les densités.		Le dernier terme manque.
Densité	4,4	4,23	3,27	2,45	1,88	1,32			
Sucre p. 0/0 kilog.	7,95	7,70	5,73	3,87	2,62	1,20			
Sucre p. 0/0 litres	8,30	8,03	5,89	5,97	2,67	1,22	0,60	0,28	
Pureté Brix	73,61	74,03	70,74	63,44	55,74	33,36			
Extrait sec (en vol.).	9,66	9,45	6,98	5,05	3,64	2,49	1,55	0,75	
Cendres (id.).	0,528	0,528	0,360	0,272	0,216	0,160	0,104	0,072	
Matières organiques.	0,832	0,982	0,730	0,808	0,754	1,11	0,850	0,398	
Coefficient salin	15,71	15,20	16,36	14,59	12,36	7,62	5,72	3,88	
Id. organique	9,77	8,17	8,06	4,91	3,54	1,10	0,70	0,70	
Température	10°R.	32°R.	55°R.	52°R.	58°R.	45°R.	20°R.		

« Il faut remarquer que ces coefficients salins ne concordent guère avec les quotients de pureté, ceux-ci s'abaissent constamment, les coefficients salins éprouvent des oscillations.

Il était utile de suivre ensuite le jus de diffusion dans les opérations successives du travail de sucrerie pour s'assurer, *de facto,* de la réalité de la plus grande pureté du jus démontrée par l'analyse.

La première carbonatation s'opère comme d'ordinaire en maintenant le jus fortement alcalin; mais après la seconde carbonatation, il ne restait plus que $\frac{2}{10000}$ de chaux, ou plutôt d'alcalinité calculée en chaux. Le sirop n'avait en ce moment que $\frac{36}{10000}$ d'alcalinité, après une filtration sur du bon noir (environ 5 1/2 % de noir revivifié). Peut-être eût-il été préférable de conserver une alcalinité plus grande, le jus aurait eu une transparence plus complète.

Quoi qu'il en soit, au 15 décembre, le sirop ne contenait pas de quantités dosables de sels de chaux, et l'oxalate d'ammoniaque n'y produisait pas de précipité.

Cette observation est importante au point de vue de la pureté du jus de diffusion; il est extrêmement rare que le sirop, à cette époque de l'année, soit aussi complètement dépouillé de sels de chaux, et pour qu'il en ait été ainsi, il faut attribuer cette pureté à l'absence complète de pulpe folle, de produits en suspension pouvant avec la chaux produire des sels solubles. Cette absence de sels de chaux est certainement le meilleur indice de la pureté organique du jus de diffusion.

La cuite s'opère très-facilement et les sirops de 2e et 3e jets ont les caractères ordinaires des produits de bonne qualité.

Il est nécessaire aussi, avant de rendre compte

des rendements totaux, de faire remarquer que les écumes qui contiennent en moyenne 4.5 % de sucre, sont malaxées avec de l'eau et repressées. Après ce travail, elles ne contiennent plus que 1.5 % de sucre. L'eau de lavage est employée à l'extinction de la chaux ; la perte de sucre dans les écumes est réduite par cette opération de malaxage à 0.10 du poids de la betterave au lieu de 0.30 (on fait 7 % d'écumes).

M. Durin donne aussi le tableau du résultat de la campagne dans un établissement de diffusion.

TABLEAU XVII.

Résultat complet du travail de 1,000,000 kilogrammes de betteraves, arrêté au 1er décembre 1878.

Betteraves coupées		1,000.000 kil.	
Nombre d'hectolitres de jus de diffusion (densité 3.06)		12,168 h. 75 l.	
Betteraves par hectolitre	82 k.		
Poids de la masse cuite obtenue. . . .	97.500 k. = 9.75 de la bet.		
Sucre 1er jet obtenu à 87° de titrage . .	58.310 k. = 5.83 »		
Sucre 2e jet obtenu à 70° de titrage . .	10.000 k. = 1.00 »		
Sucre 3e jet obtenu à 70° de titrage . .	4.200 k. = 0.42 »		
Total du sucre par rapport à la betterave . . .	7.25		
Pulpe pressée		351.750 kil. (35.17 0/0).	
Sucre dans la bet. 0/0 k. râpés (densité du jus 5.00) .	9.30		
Pureté Brix, moyenne du jus de râpe.	76.34		
Pureté Brix, moyenne du jus de diffusion	77.81		
Sucre total dans les betteraves travaillées.	93.000 kil.		
Sucre total dans le jus de diffusion . . .	89.927 kil.		89.927
Perte totale dans la diffusion . . .	3.073 = 0.307		
Sucre total dans la masse cuite			79.950
Perte dans la fabrication depuis la carbonatation jusqu'à la cuite.			10.000

La perte absolue, que nous trouvons de 1 % dans les autres opérations du travail, nous paraît trop élevée; il est probable qu'à chaque opération la masse cuite notée était un peu plus considérable qu'on ne le croyait, et conséquemment la perte de 1.00 peut se réduire à 0.70 ou 0.75.

Nous donnons pour terminer un autre inventaire de travail sur une plus grande quantité de betteraves.

TABLEAU XVIII.

Betteraves consommées . . .		3.297.900 kil.
Jus produit		39.585 hect.
Betteraves par hect. . . .	83.33	
Pulpe pressée obtenue		1.228.000 kil.
Pulpe p. 0/0	37.20	
Masse cuite 1er jet		326.475 kil.
Soit p. 0/0 de betteraves . .	9.90	
Sucre 1er jet obtenu		195.500 kil. à 87-88.
Soit p. 0/0 de la masse cuite	59.88 (du poids de la masse cuite).	
Soit p. 0/0 de la betterave .	5.92 à 87°-88.	

Voici encore quelques comptes de fabrication en Allemagne et en Hollande :

Usine hollandaise. (Naardan, près Amsterdam).

Sucre contenu dans la betterave		10.28
» » dans la masse cuite . . .		8.54
Perte totale dans le travail.		1.74
Détail des pertes connues :		
Dans les cossettes	0.51	
Dans l'eau des diffuseurs	0.14	
A la filtration	0.03	
Dans les écumes	0.26	0.94
Pertes inconnues		0.80

Analyse de la betterave par le jus :

Degré Brix	13.4	
Densité	5.44	
Sucre	10.82	
Quotient de pureté	81.40	
Sucre °/₀ de la betterave		10.28

Sucre obtenu :

1er jet. 6.73 à 96° saccharimétriques.

2e jet. 1.00 à 92° „

Total . 7.73 = 75 °/₀ du sucre de la betterave.

Usine allemande. (Stossen près Halle Saxe).

Sucre p. °/₀ kilos cossettes		10.84
Masse cuite p. °/₀	11.72	

Analyse de la masse cuite :

Sucre	84.60
Cendres	4.32
Coefficient salin	18.7
Sucre par 100 kilos de beterraves, dans la masse cuite	9.85
Perte totale jusqu'à la cuite	0.99
Sucre dans la betterave	10.84

Détail des pertes :

Cossettes	0.27	
Ecumes	0.18	
Filtration	0.16	
Inconnues	0.38	0.99

Sucre obtenu p. °/₀ de la betterave :

Blanc	6.00	
Roux.	2.00	8.00

Rendement °/₀ du sucre mis en travail 73.8.

Analyse du jus des betteraves employées :

Densité	5.87
Degré Brix	14.07
Sucre	11.29
Quotient de pureté	78.50

CHAPITRE CINQUIÈME.

Les pulpes de diffusion.

Dans toute industrie agricole, utilisant immédiatement les produits du sol, les résidus du travail sont un des points principaux dont se soucie l'industriel. Soit que ces résidus servent directement à l'alimentation du bétail, comme c'est le cas dans l'industrie de la distillation, de la brasserie, de la sucrerie ; soit qu'on les utilise seulement à la fumure des terres, comme cela se pratique à l'aide des eaux ou vinasses dans les alcooleries de mélasse, ces issues constituent un élément important du rendement industriel et l'un des moyens les plus féconds et les plus économiques de conserver et d'accroître la fertilité du sol, affaiblie par la production des matières premières de l'industrie.

Dans l'industrie du sucre tout spécialement, la question des pulpes est prépondérante, tant pour l'industriel qui est en même temps exploitant agricole et qui trouve emploi, en ses étables, de tout le marc des betteraves qu'il travaille, que pour celui qui n'a pas à se préoccuper personnellement du point de vue agricole et qui se débarrasse, au prix le plus rémunérateur, de son contingent annuel de résidus. Pour les systèmes de pression hydrauliques, comme pour ceux de pression continue, la question des pulpes a été, comme elle l'est pour le système de diffusion, un facteur prépondérant du plus ou moins de faveur accordée à ces divers systèmes et de la lenteur ou de la rapidité qu'ils ont mise à se répandre.

C'est que, dans l'espèce, le producteur de betteraves et le producteur de sucre ont des intérêts solidaires. Là où le cultivateur est assuré de recevoir, en retour de ses livrances en betteraves, un bon contingent de résidus propres à l'alimentation de son bétail, l'alimentation de l'établissement industriel en racines sera aisément assurée : un résultat inverse ne manquera pas de se produire, au grand détriment de la culture et de l'industrie, là où l'on fait emploi d'un système de fabrication qui ne laisse que des résidus de peu de valeur, comme c'est, par exemple, le cas pour certains systèmes de pression continue, emmagasinant dans le marc pressé de grandes quantités de pulle folle, aisément altérée.

Le jugement que nous avons à porter sur le système de la diffusion dépendra donc essentiellement du parti à tirer des résidus de la fabrication par ce procédé.

Les cossettes de diffusion, une fois l'extraction du jus terminée, se présentent sous un aspect tout différent de celui qu'offrent les pulpes obtenue par compression, hydraulique ou continue. Ces dernières constituent, en effet, des gâteaux relativement secs, moins humides que la matière première dont ils proviennent, la betterave. Les cossettes épuisées, au contraire, sont noyées dans de grandes quantités de liquides interposés, dont la proportion est réduite dans une certaine mesure lorsqu'on fait emploi d'air comprimé sur la fin de l'épuisement.

De là, une opération secondaire, rendue nécessaire par la composition du résidu, à savoir l'égouttage des pulpes de diffusion.

III. PRESSE A COSSETTES.

La presse dont on fait usage pour amener l'égouttage profond des cossettes épuisées est d'une construction simple. Son action est continue, de même que son alimentation, qui se fait par une chaîne à godets plongeant dans une auge, où la vis d'Archimède horizontale amène incessamment le produit de la vidange des diffuseurs.

La presse du constructeur Klusemann, la plus répandue, exige 1 1/2 cheval de force et marche à une vitesse de 55 tours par minute. En 24 heures, elle absorbe 50.000 kilog. de schnitzels, qu'elle réduit à un poids équivalent à 33 p. c. des betteraves travaillées. Ces chiffres sont ceux de la fabrication allemande, où la cossette épuisée renferme environ 14 p. c. de substances sèches.

Stammer, dans son *Supplément* (année 1870-71) cite le chiffre de 75 kilogrammes de matières solubles entraînées dans les eaux, par douze heures, dans une usine de l'importance ci-dessus spécifiée : ce chiffre, se rapportant à une pression modérée, est tout à fait insignifiant comme on voit.

Nous indiquerons plus loin des données comparatives sur le même objet, montrant les variations qu'une pression modérée ou poussée à fond peut apporter dans la composition et la valeur alimentaire du résidu de la diffusion.

PRESSE A COSSETTES

SYSTÈME BERGREEN.

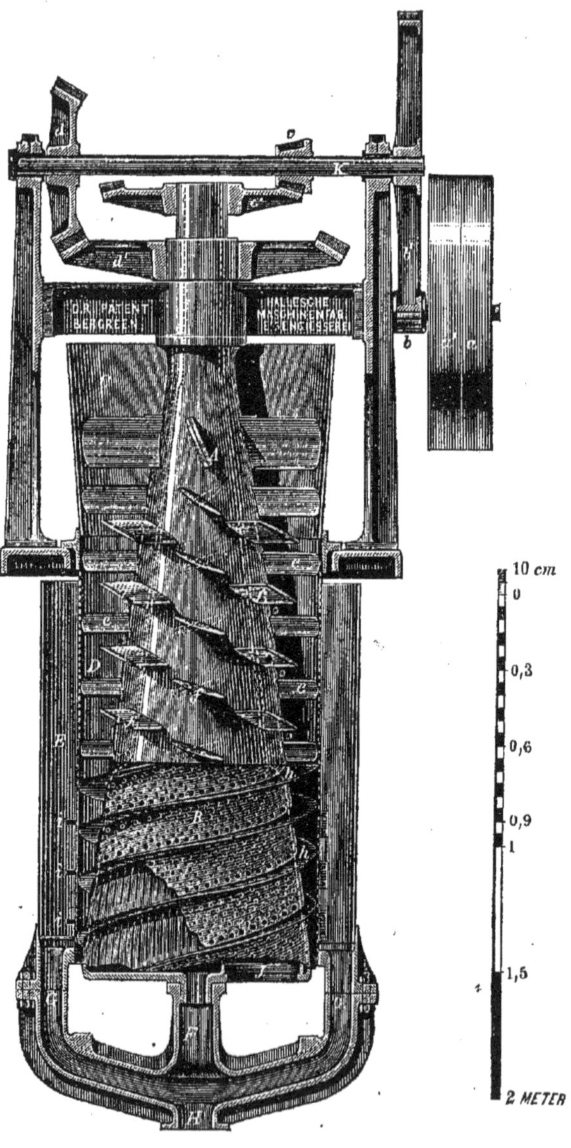

(Fig. 7).

La presse à cossettes dont nous donnons ci-contre le dessin est celle inventée par Bergreen, telle que la construit la maison Riedel, de Halle sur Saale. On en comprend aisément le mécanisme.

La poulie a' $a_{\prime}$ transmet le mouvement, par le pignon b et l'engrenage $b_{\prime}$, à l'arbre horizontal K et, par celui-ci, au cône vertical produisant pression à la manière du coin. Les cossettes humides se déversent automatiquement dans le haut de l'appareil, qu'entoure l'enveloppe cylindrique GD, très-résistante.

Le mouvement rotatif du cône vertical et le jeu des palettes Af enchassées sur sa surface, font descendre graduellement et absterger naturellement les cossettes. Ces palettes forment hélice. Au début de l'opération, la plus grande quantité de l'eau s'égoutte latéralement à travers la paroi intérieure perforée D de l'enveloppe. Ces eaux, passant dans la gaine annulaire E' i, sont recueillies dans l'embranchement G, qui les emmène au dehors par l'issue centrale H.

A mesure que les cossettes descendent, l'espace libre se rétrécit, ce qui augmente la compression de ces résidus : lorsqu'ils ont pénétré, par le jeu de l'hélice, sous le diaphragme horizontal qui divise en deux la capacité intérieure du cylindre où se meut le cône, l'égouttage se pratique inversement, c'est-à-dire, vers l'intérieur du cône, recouvert à cet endroit d'une tôle perforée B.

Les eaux recueillies à l'intérieur du cône sont évacuées inférieurement par le tuyau vertical F, qui les réunit aux eaux venant de la gaîne cylindrique annulaire.

Telle est la manœuvre de la presse à cossettes, généralement usitée dans les usines purement industrielles, qui se débarrassent de leurs résidus par la vente, n'en ayant pas l'emploi par elles-mêmes, vu l'absence d'exploitation agricole.

La pulpe de diffusion est-elle bonne pour l'alimentation du bétail? Son emploi est-il rationnel, est-il pratique, est-il économique?

Telle est la question que nous avons à nous poser et à résoudre, si possible, pour terminer pratiquement cette étude sur la diffusion. Ce côté du problème en est, en effet, un élément capital; et les hésitations de maints industriels parfaitement convaincus de la haute valeur du système naissent précisément de la crainte qu'ils nourrissent de ne pouvoir écouler dans leur région les résidus de leur fabrication, la cossette épuisée, de façon à retirer de la vente de ce produit le rendement que leur procure actuellement le débit assuré de leurs pulpes de pression hydraulique.

Nous espérons pouvoir établir, par les déductions de la science, comme par les constatations de la pratique, que ces appréhensions manquent de fondement.

Il ne viendra à l'esprit d'aucun agriculteur de nier la haute valeur des racines dans l'alimentation des races bovine et ovine spécialement : chacun est d'accord que la betterave, et surtout la pulpe de cette plante, telle que la fournissent, dans nos fabriques de sucre, les presses hydrauliques employées à en extraire le jus sucré, constituent un excellent aliment, soit que l'on ait en vue l'entretien ou l'engraissement des animaux de la ferme. Dans le premier cas, on se borne à mélanger la pulpe de betterave avec des menues pailles, des balles, du foin haché, en y ajoutant, suivant les époques et le but spécial qu'on se propose, une petite quantité de substances alimentaires riches, carburées, des tourteaux, des farines; dans le second cas, on majore sensiblement la dose de ces derniers éléments, en l'accentuant à mesure que l'on approche du terme de l'engraissement. Mais dans l'un et l'autre cas, on peut affirmer que la pulpe de betterave constitue le fond de l'alimentation pour la grande majorité des animaux de trait, comme des animaux de boucherie, approvisionnant nos marchés dans les départements du Nord et en Belgique; une partie relativement restreinte de ce contingent provenant des étables des distillateurs ou des brasseurs, où l'alimentation se fait à l'aide des drèches, résidus de la macération des céréales.

Les études du chimiste Wolff et, plus récemment, du Dr Petermann, nous permettent de grouper dans le tableau suivant les éléments constituant respectivement la betterave et la pulpe de cette racine. On se rendra compte, par là, de la supériorité de cette dernière substance sur la première, au point de vue de la valeur alimentaire.

Tableau XIX.

1,000 kilogrammes renferment :

	BETTERAVES.		PULPES DE PRESSES.		
	Fourragères	Sucrières.	d'après Wolff.	d'après Petermann.	Moyenne.
Substances azotées. . .	11,0	8,0	14,0	21,8	17,90
Matières grasses . . .	1,0	1,0	2,0	3,0	2,50
Id. extractives non azot.	90,0	154,0	195,0	159,8	177,40
Cellulose	9,0	13,0	63,0	57,9	60,45
Eau	880,0	816,0	670,0	724,8	697,40
Matières minérales . . .	9,0	8,0	56,0	32,8	44,35
	1000,0	1000,0	1000,0	1000,0	1000,00

La pulpe des betteraves *râpées et privées de leur jus par pression hydraulique* étant devenue la base de l'alimentation dans nos exploitations agricoles, possède donc incontestablement une haute valeur, universellement appréciée. Mais en est-il de même de la pulpe des betteraves *travaillées par la méthode de diffusion?* Un coup-d'œil sur les deux procédés industriels nous éclairera aisément sur ce point.

Dans le système des presses hydrauliques, malgré que la betterave râpée soit comprimée sous un effort mécanique se mesurant par 180 à 250 atmosphères, la galette, privée du jus, ne constitue nullement une substance sèche, tant s'en faut. L'analyse chimique d'une pulpe normale, pressée convenablement, sans excès d'eau à la râpe, accuse, en effet, une teneur d'humidité oscillant de 70 à 73 p. c. C'est un fait dont on ne se rend généralement pas compte et dont l'oubli est une cause prépondérante de la faveur trop absolue accordée à la pulpe de presses de préférence à la pulpe de diffusion. Nous le répéterons donc, afin que nul n'en ignore : *une bonne pulpe de presses, d'apparence sèche, renferme normalement environ les 3/4 de son poids d'eau.*

Aux personnes qui s'étonneraient de cette assertion, constatation pure et simple d'un fait, nous opposerons le tableau suivant, non moins saisissant, où nous avons réuni les différentes substances entrant dans l'alimentation, envisagées au point de vue de leur teneur en eau. Les analyses chimiques, bases de ce relevé, sont dues aux maîtres les plus éminents et les plus scrupuleux qui ayent illustré les sciences physiologiques, les Chevreul, les Bertholet, les Claude Bernard, etc.

TABLEAU XX.

Substances.	**Teneur en eau.**	
Farine	10 à 13	pour cent.
Pain blanc	50	»
Beurre	13	»
Viande	77	»
Bouillon fort	98 1/2	»
Bière	85	»
Lait	83	»
Vin	75 à 88	»
Eau-de-vie	50	»

Le tableau que nous intercalons ici, semble, à première vue, un hors-d'œuvre dans notre démonstration ; mais nous le reproduisons à dessein, pour bien mettre en évidence ce fait, ignoré généralement, que la plupart des substances organiques servant à l'alimentation, soit de l'homme, soit des animaux, renferment des quantités considérables d'eau, quelque soit, d'ailleurs, l'apparence de siccité qu'elles présentent à l'œil, au toucher, au palais.

Les exemples les plus remarquables sont assurément ceux que nous offre la composition de la viande, du pain et du bouillon, c'est-à-dire, les aliments les plus puissants, et qui, néanmoins, contiennent respectivement le tiers, la moitié, la presque totalité de leur poids d'eau : on en conclura aussi, *a posteriori*, la haute importance de l'eau dans le jeu des diverses fonctions physiologiques.

Dans le système de la diffusion, la betterave n'est plus râpée comme elle l'était dans la méthode précédente : son tissu n'est plus déchiré de manière à rompre les fibres, les cellules du végétal : on la découpe en lamelles légères. Ces tranches fort minces, dans lesquels on débite la betterave, sont, comme nous l'avons vu, entassées dans des vaisseaux où l'on procède à leur épuisement méthodique, à l'aide de l'eau, de façon à enlever graduellement tout le jus sucré contenu dans leurs cellules et à introduire dans celles-ci, entièrement privées de leur sucre, de l'eau pure. Arrivé à ce point, on extrait des vaisseaux diffuseurs les cossettes épuisées, que l'on égoutte, soit naturellement, soit à l'aide d'une presse spéciale.

On comprend, à première vue, d'après cette esquisse, que le résidu de la diffusion constitue une matière alimentaire plus riche que la pulpe des presses hydrauliques par la raison que, dans ce dernier système, le déchirement des fibres a pour effet de faciliter la dissolution, dans le jus, d'une partie des substances nutritives qui restent, au contraire, localisées dans les cellules du végétal lorsqu'on se borne, comme dans le système de la diffusion, à en extraire le sucre par une simple osmose.

A *égal degré de siccité*, les pulpes de diffusion sont plus riches en matières alimentaires que les pulpes des presses hydrauliques : en revanche, elles contiennent moins de sucre, l'épuisement étant beaucoup plus complet. Là où, par le système des presses, on abandonne 1, 5 à 2 p. c. de sucre, on ne laisse que 0.2 à 0.3 seulement. Mais la quotité relative du sucre abandonné dans le résidu importe relativement peu, somme toute, à l'agriculteur nourricier du bétail : en ce point réside, au contraire, un intérêt majeur pour l'industriel, un des arguments prépondérants pour l'adoption du système.

L'extraction du jus sucré, dans la méthode de diffusion, se fait, comme nous l'avons dit, en vertu d'un déplacement : l'eau vient se substituer au jus sucré dans les cellules du végétal débité en tranches. Il résulte de eela que les cossettes, après diffusion, contiennent de fortes proportions d'eau, ce qui les rend d'un transport difficile et atténue considérablement la haute valeur alimentaire qu'elle présentent à l'état sec. En ce point gît l'objection faite de tout temps à l'emploi de cette substance, objection fondée à l'origine de la méthode, mais qui a perdu la plus grande partie de son importance depuis que la méthode, elle-même, s'est perfectionnée et est devenue plus rapide, depuis surtout que des presses judicieusement combinées permettent d'enlever, à peu de frais, l'excès d'eau absorbée par les cossettes durant l'opération de la diffusion.

L'opinion que nous énoncions plus haut se trouve confirmée, entr'autres, par les conclusions d'un rapport officiel, adressé au Comité central des Fabricants de sucre de France par M. Monnot, ingénieur civil, à la suite de la délégation qu'il avait reçue de l'Association française pour assister au Congrès des fabricants de sucre allemands à Hanovre, et à la session annuelle de nos confrères de l'Autriche-Hongrie, à Pesth. La question qui nous occupe a été examinée à fond dans ces réunions de praticiens et de chimistes éclairés.

La sixième demande du questionnaire remis au délégué français, à son départ pour l'Allemagne, avait trait à la valeur nutritive, comparée, des pulpes de presses hydrauliques, de presses continues et de diffusion. A la suite de l'étude de cette question faite sur place, à l'usine aussi bien qu'au laboratoire, par M. Monnot, ce savant ingénieur, conclut de la sorte :

Tableau XXI.

Matières nutritives de la betterave conservées dans la pulpe.

	Procédé des presses hydrauliques.		Procédé de diffusion.	
Matières azotées . . .	0,40	pour cent.	0,44	pour cent.
Cellulose, pectine, sels .	4,80	»	6,04	»
Total .	5,20	»	6,48	»

On voit que le procédé de diffusion conserve

mieux dans la pulpe les éléments nutritifs contenus primitivement dans la betterave et cela se conçoit : par l'emploi du coupe-racine, la production de pulpe folle est nulle et c'est précisément cette pulpe folle qui, dans le système des presses hydrauliques et *à fortiori*, dans celui des presses continues, appauvrit d'autant les pulpes alimentaires en allant se perdre dans les écumes, où, mêlée avec la chaux, elle n'a plus de valeur que comme engrais.

A côté de cette valeur absolue de la matière nutritive retirée des betteraves par l'une ou l'autre méthode, il y a lieu de présenter les deux facteurs de la teneur relative des cossettes en eau et de la quotité du résidu obtenu. Ces deux facteurs agissent en sens inverse du premier, c'est-à-dire qu'ils abaissent, en fait, la valeur de la pulpe de diffusion dans des proportions que nous allons essayer de fixer par des données chiffrées. Seulement ces chiffres, empruntés au travail des établissements autrichiens, devraient subir une certaine réfraction pour représenter les résultats que présentent les usines belges ou françaises outillées à la diffusion.

Le rendement en pulpes, en Autriche, est estimé par M. Monnot, à 20 % pour les presses hydrauliques, à 60 % pour le travail de diffusion, au sortir des presses Klusemann. En rapportant, d'autre part, la quotité et la composition du résidu à cent kilogr. de betterave, on trouve que :

Par la diffusion : cent kilogr. de racines produisent 60 kilogr. de cossettes pressées, riches à 10,06 pour cent de pectine, cellulose, sels, etc., soit 6,04 de matière alimentaire non azotée; et à 0,74 pour cent de substance azotée, soit 0,444 de cette matière; total 6,48.

Par la pression hydraulique : cent kilogr. de racines produisent 20 kilogr. de pulpe, riche à 1,24 pour cent de pectine, sels, cellulose, etc., soit 4,80 de matière alimentaire non azotée; et à 2 pour cent de substance azotée; soit 0,40 de cette matière; total 5,20.

Envisagées au seul point de vue de la quotité des matières azotées, les pulpes de pression hydraulique auraient donc une valeur au moins double de celle des pulpes de diffusion; tandis que, considérées au point de vue de l'ensemble des substances alimentaires, les pulpes de diffusion primeraient, dans une certaine mesure, sur les résidus de la pression hydraulique.

Voici, d'après les données ci-dessus, comment s'établit la composition centésimale respective de l'une et de l'autre pulpe.

Tableau XXII.

	Presses hydrauliques.	Diffusion.
Humidité	71	89,00
Sucre	3	0,20
Matières azotées	2	0,74
Pectine, sels, cellulose	24	10,06
	100	100,00

La faible quotité de sucre accusée par les pulpes de diffusion est un inconvénient, en ce sens que des pulpes non sucrées n'éprouvent pas, en silo, la fermentation qui bonifie à la longue leur qualité, et rend ces substances alimentaires d'une plus facile digestion, due particulièrement à la transformation lente du sucre en alcool.

Certains fabricants étrangers obvient à cet inconvénient réel par une addition d'un principe sucré aux pulpes épuisées, en ajoutant, par exemple, lors de l'ensilotage, de la mélasse diluée, dont on arrose les couches de pulpe à mesure de leur entassement. Cette addition est recommandable non seulement pour provoquer une certaine fermentation au sein des cossettes de diffusion, mais même pour améliorer la qualité des pulpes ordinaires et tirer judicieusement emploi de la mélasse pour l'alimentation du bétail.

En tenant compte des divers éléments d'appréciation que nous venons d'énumérer et en leur faisant subir, en outre, un certain coëfficient, résumant l'opinion des praticiens en cette matière, on peut estimer que 100 kilogr. de pulpe de pression hydraulique équivalent à 170 ou 185 kilogr. de cossettes pressées de diffusion, l'un et l'autre de ces résidus étant considéré dans l'état où l'on peut habituellement se le procurer frais aux fabriques de sucre.

Nous avons eu l'occasion de nous renseigner, l'an dernier, en France, sur l'accueil fait par les cultivateurs à la pulpe de diffusion, dans le rayon des établissements marchant depuis peu par ce système. Cette substance alimentaire nouvelle, dont l'écoulement fait l'objet des appréhensions des industriels, est entrée aisément dans les us et coutumes des exploitation agricoles; dès la deuxième campagne, les préventions premières, bien naturelles d'ailleurs, avaient fait place à une faveur qui ne s'est pas démentie depuis lors.

Au sujet de la valeur de la cossette de diffusion dans l'alimentation du bétail nous extrayons d'une lettre adressée au *Journal des fabricants de sucre*, par M. Simon-Legrand, de Berzée (Nord) les renseignements suivants, qui concordent avec les faits constatés en Belgique.

« Il est entré dans mes étables, le 15 mars 1878, un lot composé de 60 bêtes, bœufs et taureaux, qui ont consommé, en dehors des tourteaux et autres substances que je leur donne, comme nourriture, jusqu'au 1er juillet, jour où je les ai livrés à la boucherie 288,900 kilogr. de pulpe de presse hydraulique. Cette pulpe, calculée à raison de 22 fr. les 1000 kilogr. en gare à Orchies, le prix moyen de revient de la nourriture avec cette pulpe, par tête et par jour, est de un franc.

» Le 9 novembre 1878, il m'est arrivé 60 bêtes, bœufs et taureaux, de même provenance, de même race et dans le même état que les précédents. Je leur ai donné jusqu'au 12 février, jour où ils sont sortis de l'étable, 423,000 kilogr. pulpe de diffusion. Cette pulpe de diffusion étant calculée à raison de fr. 12-50 les 1000 kilogr. en gare à Orchies, le prix de revient de la nourriture avec cette pulpe est de fr. 0-93 par tête et par jour.

» La nourriture par la pulpe de diffusion me procure donc un avantage de 0-07 par tête et par jour sur la nourriture par la pulpe de presse hydraulique.

Les données de cette expérience se groupent dans le Tableau suivant :

TABLEAU XXIII.

		PULPES			
		DE PRESSES HYDRAULIQUES		DE DIFFUSION	
		40 bœufs	20 taureaux	40 bœufs	20 taureaux
Poids moyen à l'entrée	k°	494	463	530	510
» » à la sortie	»	649,5	625	667,5	627
Journées d'étable		107	107	94	94
Prix d'achat	fr.	506,75	345,25	624,7	386
Prix de vente	»	754,95	616	747,75	627
Composition de la ration	k°	45		76	
En sus : tourteau de lin	»	2,24		2,24	
Foin	»	1,50		1,50	
Prix des denrées : Pulpe de presses fr. 22 les 1000 k°					
Prix des denrées : » diffusion » 12,50 » »					
Prix des denrées : Tourteau de lin » 24 les 100 »					
Prix des denrées : Foin » 7 » »					
Coût de la ration journalière	fr.	1,65		1,58	

» Ainsi que je le dis plus haut, il s'agit, pour les deux lots, d'animaux de même race, reçus dans le même état et arrivés au même degré d'engraissement au moment où ils sont sortis de mes étables. De plus il est à remarquer qu'il a fallu dix jours de moins d'étable au second lot, c'est-à-dire au lot nourri à la pulpe de diffusion, pour arriver à l'état complet d'engraissement. Au 1er mars, mes étables seront complètement renouvelées et je continuerai à ne donner à mes bestiaux que de la pulpe de diffusion.

» Voilà quatre troupeaux de moutons que nous engraissons avec la pulpe de diffusion ; nous avons obtenu les mêmes résultats sur tous ; deux troupeaux seront gras dans quatre semaines ; nous invitons

MM. les fabricants de sucre à venir les voir ainsi que nos bœufs au commencement de mai. »

M. Monnot, dans son rapport précité, exprime une opinion non moins favorable en ce qui concerne l'emploi de la cossette de diffusion en Allemagne.

« Nous avons vu, du reste, dans les immenses et nombreuses étables de M. Robert, à Seelowitz, une quantité (des centaines) de bœufs de travail, de bœufs d'engrais, de vaches laitières, de jeunes élèves et de moutons nourris à la pulpe de diffusion. Tous ces animaux étaient en parfait état. Voici le détail des rations que reçoivent les bœufs de travail et les bœufs d'engrais.

Tableau XXIV.

Rations pour bœufs de travail pesant 550 kilogr., poids vif.

	Travail faible.	Travail ordinaire.	Travail fatiguant.
Pulpe de diffusion	25,» kil.	25,» kil.	25,» kil.
Paille d'avoine	2,5	»,»	»,»
Paille d'orge	»,»	2,5	2,5
Pois chiches moulus	0,5	0,5	0,5
Orge moulue	1,»	0,5	0,5
Touraillons (radicelles d'orge germée)	0,5	1,»	1,»
Foin brun (maïs d'ensilage)	20,»	20,»	20,»
Luzerne	»,»	»,»	2,»
	49,5	49,5	51,5
Prix de la ration, au pair en fr.	1,14	1,13	1,29
Id. au change de 48 fl. p. 100 f. id.	»,94	»,93	1,07

Tableau XXV.

Rations pour bœufs d'engrais pesant 600 kilogr., poids vif.

	Première période.	Seconde période.	Troisième période.
Pulpe de diffusion	25,» kil.	15,» kil.	15,» kil.
Paille d'orge	2,5	2,5	2,5
Pois chiches moulus	1,»	1,5	1,0
Orge moulue	1,»	1,»	1,5
Touraillons (radicelles d'orge germée)	0,5	0,5	1,»
Foin brun (maïs d'ensilage) . .	20,»	15,»	10,»
Tourteaux oléagineux	»,»	0,5	1,»
Luzerne	»,»	2,»	»,»
Foin	»,»	»,»	2,»
	50,»	38,»	34,»
Prix de la ration (au pair en fr.)	1,26	1,41	1,40
Id. (au change de 48 fl. p. 100 fr.)	1,05	1,18	1,17

» L'aspect des pulpes de diffusion, au bout de plusieurs mois d'ensilotage, n'est nullement celui d'une betterave cuite, elles sont encore un peu cassantes, tous les animaux en mangent, et même à l'occasion le magnifique chien de M. Robert, d'espèce danoise ardoisée, et pesant 60 kilogr., ne les dédaignait pas.

» Il est probable que l'on doit éviter de cuire les cossettes de betteraves en les diffusant parce qu'une température approchant de l'ébullition détruit ou rend inertes les ferments, et c'est sans doute, lorsque, par suite d'une trop forte application de chaleur, ces ferments sont annihilés, que la fermentation s'établit mal dans les silos et que les pulpes se gâtent. »

Après avoir présenté au lecteur les avis de spécialistes autorisés publiés à l'étranger, nous sommes heureux d'avoir à leur citer l'opinion d'un savant auquel son grand sens pratique autant que son érudition ont acquis parmi nous une autorité incontestée, le Dr Petermann, directeur de la station agricole de Gembloux.

Nous extrayons les lignes suivantes d'une communication adressée par le savant chimiste à la presse agricole au printemps dernier.

« L'invention de la presse Klusemann, qui permet de réduire de 95 à 90 p. c., le titre en eau des cossettes, c'est-à-dire, de doubler celui de la matière sèche, constitua un progrès manifeste. En même temps, M. Märker, directeur de la station agricole de Halle, mit fin aux discussions sur la valeur relative des pulpes de différents systèmes par la publication d'une remarquable étude (1). De ce travail il résulte : 1° que la matière sèche des pulpes de diffusion est beaucoup plus riche en principes albuminoïdes que celle des pulpes de presses ordinaires; 2° que la perte en éléments nutritifs qu'éprouvent les pulpes de diffusion en les exposant à une forte pression n'atteint que 3 p. c. de la matière sèche; 3° que l'ensilage des pulpes de diffusion s'opère parfaitement; et 4° que la fermentation pendant l'ensilage est moins énergique que celle qui a lieu dans les silos de pulpes de presses, ce qui occasionne une perte moins forte en matières albuminoïdes.

» Quoique le travail de M. Märker ait déjà été confirmé par plusieurs chimistes, notamment par M. Stammer, nous croyons utile de publier de notre

(1) Journal für Landwirthschaft, 1871.

côté les analyses qne nous avons exécutées, car les nombreuses demandes qu'on nous a adressées sur la valeur comparative des pulpes des deux systèmes, nous prouvent que le cultivateur n'est pas encore complétement renseigné sur leur composition relative. Les analyses suivantes représentent assez bien la composition moyenne des résidus du travail par les presses ou par la diffusion, tels que les fournissent les établissements belges.

TABLEAU XXVI.

Composition des pulpes de diffusion à l'état frais.

	ÉCHANTILLONS			Composition de la matière sèche.
	Ier	IIe	Moyenne.	
Eau	89,27	90,54	89,91	—
Matières albuminoïdes	1,12	1,04	1,08	10.70
Matières grasses	0,11	0,04	0,08	0,79
Matières extractives non azotées.	6,62	5,68	6,13	60,76
Matières minérales	0,49	0,94	0,72	7,14
Cellulose	2,39	1,76	2,08	20,61
	100,00	100,00	100,00	100,00

TABLEAU XXVII.

Composition des pulpes de presses hydrauliques à l'état frais.

	ÉCHANTILLONS			Composition de la Matière sèche.
	Ier	IIe	Moyenne.	
Eau	74,15	70,80	72,48	—
Matières albuminoïdes	2,69	1,68	2,18	7,92
Matières grasses	0,31	0,28	0,30	1,09
Matières extractives non azotées.	13,76	18,22	15,98	58,08
Matières minérales	3,50	3,04	3,27	11,87
Cellulose	5,59	5,98	5,79	21,04
	100,00	100,00	100,00	100,00

» En comparant la composition moyenne des résidus de diffusion à celle des résidus de presses, on voit tout d'abord que les premiers sont beaucoup plus aqueux et moins riches en principes nutritifs que les derniers. Donc le cultivateur ne peut pas attendre d'un poids égal de cossettes et de pulpes, le même effet dans l'engraissement. Par 1000 kilog. de résidus de diffusion il n'acquiert, en chiffres ronds, que 10 kilog. de matières albuminoïdes, un kilog. de graisse et 61 kilog. de matières extractives non azotées, tandis qu'il fournit à son bétail, par 1000 kilog. de résidus de presses 22 kilog. de matières albuminoïdes, 3 kilog. de matières grasses et 160 kilog. de matières extractives non azotées. *Le cultivateur ne doit donc payer les cossettes (à 90 p. c. d'eau) que tout au plus la moitié du prix auquel il paie les pulpes des presses ordinaires.*

Mais si nous établissons le rapport nutritif (1) qui existe dans les deux produits (il est dans les cossettes de 1 : 5,9 et dans les pulpes de 1 : 7,7) et si nous considérons surtout la composition de la matière sèche, nous constatons que dans le travail à la dif-

(1) Le Dr Wolff, professeur à l'Institut agricole de Hohenheim, donne, dans son *Étude sur l'alimentation rationnelle des animaux domestiques,* des chiffres un peu différents de ceux-ci et plus concluants encore : C'est ainsi qu'il estime le rapport nutritif des

Betteraves fourragères	: 1 :	8,5
» sucrières	»	15,7
Pulpes de pression hydraulique	»	10,4
» d'extraction centrifuge	»	12,3
» de diffusion fraîches	»	7,0
» » fermentées	»	6,3
» » pressées et fermentées	»	5,8

Ces chiffres se rapportent aux résidus de la fabrication en Allemagne.

fusion, les matières albuminoïdes qui forment les éléments les plus précieux d'un fourrage, restent dans les cossettes en plus forte proportion que dans les pulpes de presses. *Rapportées au même degré d'humidité, les cossettes constituent donc un fourrage plus riche et d'un rapport nutritif plus étroit que les pulpes.* Envisagée sous ce rapport, l'introduction de la diffusion constitue un progrès manifeste, non-seulement au point de vue industriel, mais aussi au point de vue agricole. Le travail à la diffusion conserve à l'agriculture, et sous forme d'un aliment convenable, des milliers de kilog. de matières albuminoïdes, qui, dans le travail des presses, sont perdus pour elle, ou dont seulement une fraction minime lui est restituée dans les écumes. Ainsi, une fabrique qui travaille d'après l'ancien système 20,000,000 de kilog. de betteraves restitue à l'agriculture 3,500,000 kilog. de pulpes ou d'après nos analyses, *76,300 kilog. de matières albuminoïdes,* tandis que, si elle adopte le système à la diffusion, elle produit 14,000,000 de kilog. de pulpes qui, tirant en moyenne 1,08 p. renferment *151,200 kilog. de matières albuminoïdes.* Les 20,000,000 de kilog. de betteraves que l'agriculture a fournis à l'industrie renfermaient 200,000 kilog. de matières albuminoïdes; dans le premier cas, la perte est de 200,000 — 76,300 = 61,8 p. c., dans le second cas, 200,000 — 151,200 = 24,4 p. c. Si l'on applique les résultats de ce calcul à la production d'un pays entier, on reconnaît combien les intérêts de l'agriculture sont liés aux progrès réalisés par l'industrie sucrière.

Il résulte de nos analyses et de notre exposé que l'introduction de la diffusion ne peut être que favorablement accueillie pour l'agriculture belge; mais le cultivateur, lors de l'achat des cossettes et dans le calcul des rations de son bétail, ne doit pas perdre de vue la différence qui existe entre la composition des résidus de diffusion et celle des résidus de presses. »

Cette communication de l'éminent directeur de la station agricole de Gembloux, résumant les essais qu'il a entrepris pour éclairer l'agriculture belge et les travaux les plus concluants parus à l'étranger sur cette importante question, nous paraît de nature à clôre toute discussion sur la valeur des résidus de diffusion utilisés à l'alimentation du bétail.

Un de nos confrères, fabricant expert, M. Max. Le Docte, a pris judicieusement texte de cet exposé pour en déduire la valeur marchande qu'il conviendrait d'attribuer aux pulpes de diffusion. L'opinion de notre confrère praticien s'écartant en ce point de celle du Dr Petermann, il ne sera pas sans intérêt d'en transcrire ici le résumé.

« Nous ne saurions partager l'avis de M. Petermann quand il déclare que les cossettes pressées dans les presses Klusemann *perfectionnées* ne valent que la moitié du prix des pulpes de presse hydraulique.

» En effet, si l'on admet — ce qui est vrai — que la betterave râpée et pressée aux presses hydrauliques donne en pulpes une proportion moyenne de 25 % de son poids, tandis que la betterave diffusée rend 35 % de cossette, la conséquence logique à tirer de la comparaison, c'est que le premier de ces résidus est au second comme cinq est à sept.

„ En d'autres termes, les 250 kilog. de pulpes que l'on retire de 1000 kilog. de betteraves par la pression hydraulique ont exactement la même valeur que les 350 kilog. de pulpes obtenues par la diffusion; de sorte que, quand les premières se vendent 23 fr. les mille kilos, les secondes doivent se payer, toutes proportions gardées, fr. 16-42 les mille kilos. On observera seulement, pour ne rien oublier, qu'il faudrait encore faire figurer à l'actif de la cossette diffusée sa supériorité nutritive eu égard à sa plus grande teneur en matières albuminoïdes. „

L'humidité contenue dans les cossettes oblige à les protéger soigneusement contre la gêlée. On se borne à recouvrir légèrement les silos quelques jours après que le tassement naturel s'est opéré, à l'arrière-saison; plus tard, lorsque s'annoncent les gêlées, on ajoute un revêtement en terre, comme cela se pratique pour la plupart des produits que l'on conserve au dehors de la ferme.

La cossette ainsi ensilotée gagne en qualité plutôt que de perdre : de là, la préférence accordée par de nombreux engraisseurs à la pulpe livrée en mars et avril.

Nous ferons remarquer, en terminant, aux fabricants, exploitants agricoles, qui se trouvent dans le cas de pouvoir conserver en silo, à la porte de la fabrique, les résidus de diffusion destinés à l'alimentation d'une ferme attenante à l'usine, qu'il n'est guères nécessaire, dans ce cas, d'avoir recours à la compression aux presses spéciales avant l'ensilotage du produit.

Après un égouttage naturel durant quelques mois, dans des silos où l'écoulement est bien réglé, on trouve en effet, fort peu de différence, au point de vue alimentaire, entre les résidus pressés et les cossettes ensilotées fraîches, les unes et les autres ayant subi la fermentation.

Stammer, dans son *Manuel de la fabrication du sucre* (édition allemande de 1874, p. 341) indique, par un exemple, l'analogie de composition de l'une et l'autre de ces substances.

TABLEAU XXII.

Par 100 kil. de betteraves.	**COSSETTES.**	
	FRAÎCHES en 80 parties.	FERMENTÉES en 55 parties.
Substance sèche	4.55	4.45
Marc	3.22	3.11
Matières albumineuses	0.36	0.57
Cendres	0.30	0.30
Substances extractives	0.57	0.77

Le même chimiste, dans une conférence donnée récemment à la Société générale des fabricants de sucre de Belgique, insistait sur la haute valeur alimentaire des pulpes de diffusion, émettant seulement les réserves suivantes au sujet de leur emploi, comparativement aux résidus de la pression hydrulique.

Les cossettes égouttées contiennent encore trop

d'humidité pour que l'on puisse faire entrer dans la ration d'un bœuf la quotité de résidu fournie par cent kilogrammes de betteraves : tandis que, en pulpe de pression hydraulique, on utilisera aisément, dans les mêmes circonstances, le produit du râpage de 120, même de 150 kilog. de racines. La grande humidité, la crudité, est donc un inconvénient inhérent à cette substance alimentaire et qui exige une manipulation judicieuse.

Les mécomptes subis par certains cultivateurs qui ont fait un emploi défavorable de ces résidus proviennent de l'oubli de ce point : ces éleveurs n'ont pas tenu compte de la nature de ces substances et ils se sont bornés à substituer dans les rations à la pulpe des presses l'équivalent en cossettes soit valeur argent, soit quotité par cent de betteraves. En hiver surtout, ces résidus, en proportion anormale dans la ration, peuvent produire des désordres chez les animaux. Il résulte, en effet, d'expériences exécutées à Munich et à Weende qu'une ingestion par les animaux de trop fortes quantités d'eau sous forme de nourriture trop aqueuse produit des pertes sérieuses. L'animal dépense inutilement du calorique pour élever à la température de son corps celle de l'eau qu'il a absorbée et pour éliminer celle-ci par une transpiration surabondante; de plus, cette eau augmente d'une manière considérable la décomposition de l'albumine de circulation.

On a déconseillé la cossette de diffusion dans l'alimentation des bêtes destinées à la reproduction, cette nourriture provoquant l'avortement. D'autre part, les vaches soumises à cette alimentation produisent un lait abondant mais très-aqueux et de qualité inférieure.

Remarque générale : pas plus que les pulpes de pression hydraulique, les cossettes de diffusion ne constituent une nourriture naturelle pour les ruminants. A ce point de vue, la pulpe des presses aurait encore une valeur inférieure à celle des résidus de diffusion, car elle nécessite une salivation plus considérable et l'addition d'une certaine quantité d'eau dans la ration, manipulation supprimée par l'emploi des cossettes naturellement pourvues de cette eau.

Le point essentiel, dans le rationnement où l'on fait usage de ces divers résidus, c'est de bien se pénétrer de l'idée qu'ils constituent, en quelque sorte, la partie neutre de l'alimentation et qu'il est nécessaire de les soutenir par une addition de principes réellement actifs, qui rendra le tout assimilable. Une des recettes les plus recommandables consiste à mélanger aux cossettes du maïs ensilé vert et découpé en rondelles par un hache-racine approprié; ou mieux, d'ensiler simultanément par petites couches alternatives les cossettes et le maïs, végétal sucré et, comme tel, fermentescible. De cette manière, lorsqu'on attaque le silo, après l'hiver, la masse entière a subi une fermentation qui accroit sensiblement la qualité, la valeur alimentaire et l'arôme même de ces aliments.

FIN.

TABLE DES MATIÈRES.

Chapitre cinquième.

TABLEAUX.

www.ingramcontent.com/pod-product-compliance
Ingram Content Group UK Ltd.
Pitfield, Milton Keynes, MK11 3LW, UK
UKHW021143260726
13994UKWH00001B/283